美容は
メンタルが
9割

メイクアップアーティスト
CeCe

The Mind-Beauty
Connection

KADOKAWA

はじめに

誰もが気になる「美しさの正体」とは？

数多くある書籍の中から、この本を手に取っていただきありがとうございます。

こうしてあなたにお会いできるのをずっと心待ちにしていました。

この本を手に取っていただいたあなたは、

「これまでいろいろな美容法を試したけど満足できなかった」

「常に〝人からどう見られているか〟が気になってしまう」

「もっとキレイになれたら、今よりも幸せになれると思う」

「歳を重ねて老いていくのが正直怖い。嫌だなと思っている」


このような美容の悩みを感じて不安を抱えているかもしれません。

ただ、もう大丈夫です。

この本は、**これまでの美容の常識を覆《くつがえ》す驚きの内容**となっているため、間違いなくあなたのお役に立てることでしょう。

私は、メイクアップアーティストとして、これまでパリコレモデルや著名な方々を含む5000人以上の方々のメイクを担当し、1万人以上の方々に美容のアドバイスを行ってきました。

そのなかで、女性のほとんどが次の2パターンのどちらかにあてはまることが分かったのです。

ひとつ目は、外見をどんなにキレイに整えても満足いかない、心が満たされない状態の人たち。もう一方は、自然体でも美しく、メイクの発色よりもその人が持つ自分らしさの印象が強い人たち。

はたして、この両者の違いはどこにあるのでしょうか。

なぜ「美容はメンタルが9割」なのか?

これまでの数多くの経験を通して、私がたどりついた結論は**「美容はメンタルで決**

まる」ということでした。

それに気づいてから、心理学やカウンセリングの分野に興味を持ち始め、本を読んだり実生活で実践するなど、自分なりに研究を重ねてきました。

すると、やはり心と外見は密接に関係していると実感する場面をたびたび目にしました。たとえば、メイク中にかける言葉を、その人のメンタルに合わせて選ぶだけで表情がガラリと変わったりします。また、自分のなかでくすぶっていたコンプレックスと心の折り合いがついたとたん、慢性的な肌荒れに悩んでいた方の肌がどんどん良くなっていったこともあります。

心が自分自身と二人三脚で生きることができれば、見た目にそれがあらわれるのです。

あなたは『Think and Grow Rich（邦訳：『思考は現実化する』）』というアメリカの著述家ナポレオン・ヒルの有名な著書をご存じでしょうか。

このタイトルを分かりやすくお伝えすると「頭で思い描くことはやがて現実にな

る」ということですが、あなたもこれに似た言葉を一度は耳にしたことがあるのではないでしょうか。

美容とメンタルの関係も、つまりこれと同じです。


「美人メンタル」を持っている人は、自分に自信を持っています。セルフイメージが美人だと、それが自然と表面化してその人は本当に美しくなります。

それがどのようなメカニズムなのかについては、本書で詳しく説明していきますが、「いまいち信じられないわ」と言う人のために、簡単な例を紹介します。

「本質的な美」を呼び覚ますために

姿勢はその人のメンタルをあらわすという一面があります。

「セルフエスティーム（自己肯定感）」の高い人は、基本的に自分に自信があるため、どんなときでも堂々としていてそれが姿勢にあらわれます。そして、姿勢が良ければ、それだけで美人度は上がります。

たとえば、キャビンアテンダントやホテルマンなど、仕事中の彼女たちや彼らを見て「だらしない」「不恰好だ」と感じる人は少ないでしょう。つまり、姿勢が良いという見た目は、その人を美しく見せる要素のひとつなのです。

一方、普段からうつむきがちな人や猫背の人に、美しさを感じることはあまりないはずです。それもそのはず、猫背は「あまり目立ちたくない」「できるだけ自分を小さく見せたい」という自信のなさのあらわれとも言われているから。

また、健康な人がわざと猫背を続けていると、思考までもネガティブになってしまうというデータ（2009年に、オハイオ大学で学生を対象に行った実験。学生をふたつのグループに分け、一方のグループは背筋を伸ばして座らせ、他方のグループは前かがみに座らせたところ、前者は自分の意見に自信を持てたのに対して、後者は自信を持てなかったという結果に）もあるほどです。

メンタルはこうして表面化する性質があり、これは姿勢だけでなく普段のメイクやファッションにも影響します。

人は、キレイになるために「モテるメイク」や「年相応のおしゃれ」「自分をフッたあの人を見返すためのダイエット」など、いろいろなことに挑戦するものです。

しかし、いくら気合を入れて挑んで目標達成したとしても、**メンタルを置き去りにしては、本当の意味でキレイにはなれない**でしょう。自分に自信がないので、またすぐ次の悩みを見つけ、自分がブレてしまう。このままでは、人生がその繰り返しになります。

多くの人は「美容はメンタルで決まる」という事実を知らず、「外見を整えれば美しくなれる」と思い込んでいます。でも、それは違います。

美容とは、人生をあなたらしく生きるための手段（ツール）でしかありません。

しかし、女性の多くはキレイになることが人生の目的になってしまっているのです。

「キレイになれさえすれば、何かが変わる」と……。

実際には、キレイになっても、ならなくても、人生は続いていきます。

この現実を残酷と感じるでしょうか。

でも、安心してください。

私がこの本でお伝えする美容は、外見だけでなく内面にまで訴えかけるものです。

私がこれまでに養ってきたものを、あなたの心の深いところにしっかり伝えて一緒に学んでいきたいと考えています。

これまでの美容の常識を覆す驚きの情報をあなたに

本書は美容をテーマにした本であり、女性男性に限らず「自分らしく、思い通りに美しく生きたい」と願うすべての方に向けた本です。

今、パラパラとページをめくっていただくと分かりますが、本書では画像を一切使用していません。つまり、「読むことで内面からキレイになる」ための内容となっています。

序章では、人生を思い通りに生きるための前提についてお伝えします。21世紀、そして令和の新時代を生き抜く美しい人物像は「他人軸ではなく自分軸で生きる」がキーワードです。

第1章では、美容とメンタルの関係性について詳しく解説していきます。この章を読むと、「外見をキレイにしても心が満たされない理由」が明らかになります。

第2章では、「美容の本質」というテーマで、パリコレの舞台や世界のセレブの方のメイクを担当してきたなかで知った、目からウロコが落ちるような情報を、私の体験談を交えてお伝えしていきます。

第3章では、あなたのなかに宿る「美人メンタル」を開花させる方法を具体的な手順を追って紹介します。あなたの思い込みによって生み出された「キレイになれない呪《のろ》い」を解くことが可能となります。さらには、コンプレックスの解消にもつながります。

第4章では、「誰もが美しくなれるメイクの法則」を紹介します。実は、キレイになれるメイクには法則があります。これさえ分かれば、明日からのメイクに劇的な変化が訪れるでしょう。今日から実践できるメソッド満載です。

第5章では、「美容があなたにもたらすもの」について踏み込んで解説していきます。今より輝く自分になるための具体的なアクションプランも提案していきます。

「美容で世界を変えられる」と本気で思っている私が、たくさんの方に伝えたいメッセージをこの章に集約しました。

あなたも今日から実践できる方法が満載

どんなに自分に自信がない方でも、美しくなるためのメンタルを身につけていただくのが本書の役割です。

そのため、実際に私が美容のアドバイスをして、内面からキレイになった方々の体験談の一部をここでご紹介します。

「10年間彼氏ができなかった私。結婚願望は強くても、10年も異性と付き合っていないことで自分への自信もなくなり、毎日家と仕事場の往復でモヤモヤを抱えていました。そんなときにＣ《シ》ｅＣ《シ》ｅさんと出会ってアドバイスをもらい、婚活パーティーに参加してみることに。しかも当日は、**頭のてっぺんからつま先までＣｅＣｅさんに服装や髪型をプロデュース**してもらいました。そこで**自分の理想の人に出会い**、その後デートを重ねてお付き合いして、今ではその彼が旦那さんになりました」

（30代　専業主婦）

「痩せてキレイになれば自分を好きになれるはずだと思い込んで、定期的にファスティングダイエットを繰り返していたときに、とあるきっかけでＣｅＣｅさんのセミナーに参加しました。そこで知ったのは**「心」の重要性**でした。何をしたら自分がうれしいか、ではなく、ただ体重計の数字に一喜一憂しているだけの自分。その事実に気づくことができた私は、ダイエットをやめて自分の体型を受け入れてみました。すると、自分の体型も案外悪くないと思えるようになり、今は特にダイエットの必要性を感じていません。ＣｅＣｅさんに出会わなかったら、あのまま自虐的なダイエットを繰り返し、自分を消耗していたはず……。**沼から救ってくれて感謝**しています」

（20代　会社員）

「仕事も育児もひと段落ついたこの頃。とたんに何をしてよいか分からなくなり、燃え尽き症候群のようになってしまいました。たまたまＣｅＣｅさんのＹｏｕＴｕｂｅを見て、思い切って会いに行きました。そして、この本にもあるメンタルも含めたさまざまなワークを教えていただき実践したみたところ、『そうだ！　私は美容が好きだったんだ。もう一度メイクを楽しんでみよう』と**生きる喜びを発見**できました。しばらく『子供第一、自分は後回し』の生活でしたので、鏡に映る自分をまじまじと見るのが最初は照れ臭かったけれど、**今はメイクで変わっていく自分を見るのが楽しみ**です」

（40代　アパレルメーカー勤務）


これは、ほんのほんの一部です。

本書は、自分で自分にかけた呪いを解き、自分と他者を認め、満足して自分らしく人生を歩むことを目的としています。

目指すのは「人生賛歌」であり「他人賛歌」。

そのためには美容が一番効く。

これが、私の考えです。

これまでの美容本の常識を覆す、一歩踏み込んだ**「美容の本質」**の世界へ。

さあ、ページをめくって読み始めましょう。

美容はメンタルが9割　目次

第2章

内面からキレイになるための「美容の本質」 67

第3章 コンプレックスを手放し「美人メンタル」を開花させる 111

第5章

人生を豊かにする「美しさ」の追求 191

終章

プロデュース　小山竜央

編集協力　山本櫻子

玉絵ゆきの

装　丁　菊池 祐

本文デザイン　荒木香樹

本文イラスト　湯朝かりん

序章

自分の「名前を失う」生きづらさを乗り越える

人は役割で呼ばれ続けるとどうなるか

突然ですが、あなたに質問です。

「現在、あなたは周りの人からどのように呼ばれていますか?」

苗字に「さん」付け、下の名前のみ、はたまたオリジナルのあだ名でしょうか。
または、「〇〇ちゃんのお母さん」「部長」「チームリーダー」など、名前ではなく、役割・役職で呼ばれている人も多いかもしれません。
妹や弟がいれば「お姉ちゃん」とも呼ばれますよね。

改めて自分の呼び名を振り返ってみると、学生時代は名前がほとんどだったはず。
それが社会人になると、いつの間にか役職で呼ばれ、結婚すれば近所の人たちからは「〇〇さんの奥さん」と呼ばれることになる。

また、子供を持てば「お母さん」「○○ちゃんのママ」と呼ばれることが当たり前になり、やがて孫ができたら「おばあちゃん」と呼ばれるようになります。

このように、**女性はライフステージの変化とともに呼び名が「名前」から「役割」に変わっていく生き物。**

歳を重ねるごとに「クミコ」や「マリコ」や「アヤ」や「エリ」といった、自分の名前で呼んでくれる人はどんどん少なくなる。もしかしたら、「それって、当たり前のことで何もおかしなことではない」とあなたは思ったかもしれません。

しかし私は、「名前」よりも「役割」で呼ばれることに慣れてしまうのは、危険だと感じています。

なぜなら**「役割」で呼ばれ続けると、いつの間にか、その役割が「自分のアイデンティティ」へとすり替わってしまうから**です。

「お母さん」と呼ばれ続けていると、いつしか自分らしく生きることを忘れ、子育てを第一に考える生活になりがちです。

子供が大きくなったときに「私、これから何をすればいいんだろう?」と喪失感に襲われる人が多くいるのは、そのためでしょう。

それは、子供ができた瞬間から「お母さん」と呼ばれ、役目を果たそうと必死で生きてきたから。子育てを立派に務め上げた代わりに自分という「個」を見失ってしまう。これは、とても寂しいですよね。


私は、ひとり息子を持つシングルマザーです。

そのため、子育てや仕事をしながらも自分を持つことの難しさを日々感じています。

でも、**自分の人生を悔いなく全うするには、「自分の人生を生きている」という感覚が大切だ**と思います。それは、やがて子供へと伝わっていく信念。


子供はやがて独り立ちするので、子育ては期間限定のものと割り切っていい。

そして、「母親」という役割にとらわれず、いくつもの顔を持っていい。

私はそう考えていますが、あなたはいかがでしょうか?

メイクを通して新しい自分を発見する

メイクは、ひとりの人間のいろいろな顔を引き出すことができる魔法のツールです。

私は、ただ単に表面的なキレイをつくるだけでなく、こうした環境にある人たちの、内面にまで届くメイクを常々心がけています。

だから、ずっと「お母さん」の役割を生きてきた人には、あえてセクシーな表情を引き出すメイクをしたり、バリバリ仕事をこなすキャリアウーマンには、少女のようなピュアな表情を引き出すメイクをしたりすることもあります。

役割を生きている人に、本来の自分を取り戻してもらえるメイクができたら最高ですし、メイクを通して、これまで意識したこともない新しい自分を発見してもらいたいという強い願いに近いような感覚があります。

自分を見失えば、人は「こうでなければいけない」というつくられたセルフイメージに縛られるようになります。それを、メイクで取り払うことができたら……。

きっと役割にとらわれている人たちは、もっと未来にワクワクしながら生きていける！

あなたもそう思いませんか？

「女性が元気な国は良い社会」

これまでさまざまな国を渡り歩いてきて、私はこう確信しました。

実は、**「経済や社会」と「美容」は密接に関係していて、切っても切り離せないもの**だということをご存じでしょうか。

たとえば、過去のデータを見ると分かりますが、景気が上向くと赤いリップや華やかな色のメイクが流行し、反対に景気が落ち込むと細い眉や頼りなさを醸し出すメイクが流行します。

また、災害が起きて社会情勢が不安定になると、本来の生活を取り戻したいという心境のあらわれか、ナチュラルメイクが主流になります。

メイクはこうして世の中の流れをくみ取り、世相を反映しているのです。

だからこそ、私は**美容の力で元気になる女性が増えれば、これまで以上に素敵な世の中が訪れる**と信じています。

思い通りに生きる万能感を手に入れる

かつては日本にも、女性が自由に生きられなかった時代がありました。でも、それは過去の話。個を活かすダイバーシティ（多様性）社会が到来した現在、「女は○歳を過ぎたら○○だ」とか「結婚したら○○するべきだ」とかいう古臭いステレオタイプの価値観に、もう付き合う必要はありません。

時代は大きな転換期を迎えています。

一人ひとりが従来の価値観に縛られない自由な生き方を選ぶことによって、確実に、よりよく生きられる素敵な社会に変化していきます。

そして、これまで意識したこともない自分の新しい一面を知れば、いつの間にか自分自身でつくり上げていた「こうでなければいけない」というセルフイメージがくずれて、もっとワクワクとした人生を生きていけると私は信じています。

本書では、女性がもっとハッピーに生きていくために「美人メンタル」を持つことを推奨しています。「美容はメンタルが9割」というのは、私がこれまでたくさんの方々を見てきて導き出した答え。

メンタルが変われば、見た目も美しく変貌していく。

ちょっと信じられないと思うかもしれませんが、これは事実です。

あなたのメンタルに変化が訪れたときに、あなたは本当の意味で美しくなれます。

それは、**心から自分自身を認めることができた万能感に近い感覚**です。

その仕組みと方法を、これからじっくりお話ししていきます。

第1章

外見を磨いても
心が満たされない本当の理由

なぜ人は周囲の反応を気にしてしまうのか

あなたは**「セルフエスティーム」**という言葉を耳にしたことがありますか？

日本語で**「自己肯定感」**や**「自尊心」「自分を愛する気持ち」**などと訳される言葉です。このセルフエスティームがどれだけ高いか、あるいは低いか、あなたは自分自身に点数をつけるとしたら何点をつけますか？

自分自身を「100点満点に愛している！」と自信を持って言い切れる人は、おそらく少ないと思います。というのも、日本人はセルフエスティームが低い傾向にあるからです。

内閣府が2019年に発表した「子ども・若者白書」では、13〜29歳の男女を対象に実施した意識調査で、日本人は諸外国（アメリカ・イギリス・ドイツ・フランス・スウェーデン・韓国）に比べてもっとも自己肯定感が低いという結果が出ています。

残念なことに、51・7％が「自分は役に立たないと感じる」という項目にYESと答えているのです。

これには、さまざまな要因があると思いますが、そのひとつとして、**日本の文化が大きく関わっている**ように思えます。

日本人は、世界から「真面目」「勤勉」と良い評価がある一方で、「自己主張が苦手」「周りに合わせすぎる」とも感じられています。日本では古くから、謙虚な姿勢が美徳とされている風潮があるので、人前ではいつも控えめに振る舞い、へりくだって他者を引き立てる、そんな思考癖がついている方も多くいらっしゃいます。

日本には、自己主張が強い人をからかう言葉も多くありますよね。

たとえば、自己愛が強い態度を見せると「ナルシスト」と言われたり、周りの雰囲気よりも自分の考えを優先すると「KY（空気が読めない）だね」と言われたり、他者より目立とうとすると「出しゃばり」「目立ちたがり屋」なんて言われたり。

正直、こんな言葉があっては「勇気を出して自分の意見を主張しても、そんなふうに陰口を言われるんじゃないか……」と考えてしまいます。そして、いつしか、自分が今、何を感じているのか、どうしたいのかよりも、周りの反応を優先し、それに自分を合わせたほうが、気持ちが楽になってくる。

また、私たちはこんな言葉もよく聞かされてきました。

お母さんがご近所さんに自分を紹介していた場面を思い出してみてください。

「うちの子は全然可愛くなくて、足も短いし、それに比べて○○さんのお嬢さんは可愛くていいですね～」

「うちの子は、忍耐強くもないし、勉強もできなくて～」

こうした、自分（または身内）を下げて、他者を上げる会話は、〝村社会〟を生きるために自然と身についたコミュニケーションテクニックのひとつ。

そのため、本音ではないことも多々ありますが、この言葉に傷ついた経験がある人も多いのではないでしょうか。

本音ではないと分かっていても、いざ自分の両親から「うちの子は可愛くなくて～」「勉強もできなくて～」なんて言われたら、ショックを受けるのは当然です。

私たちはティアラのないシンデレラ

まだ自我が確立していない、6歳くらいまでの間は、いわば頭のなかで未録音のテープレコーダーが回っている状態。

浴びせられる言葉を「そんなことない！」と否定することもなく、そのままインプットしていきます。自我が芽生える前ですから、どんなひどい言葉を浴びせられたとしても疑問に思わないのです。そして、このときにインプットしたセルフイメージは、成長するにあたり自分自身の基盤となっていきます。

このとき、母親を始め周りの人から「あなたは可愛いよ」「優しくて良い子だよ」と自分を肯定するポジティブであたたかい**〝言葉の冠（＝ティアラ）〟**をかぶせてもらっていたら、そのままポジティブな思想が宿り「私って可愛いんだ！」「私って優しくて良い子なんだ！」と思えます。
その後、人間関係を築く過程や人生の途上で何か失敗しても「でも、私はお母さんが言ってくれたように、優しく良い子だからきっと大丈夫！」と心が帰ってくる場所があり、落ち込んでもまた立ち直ることができるようになります。

しかし、謙虚すぎる日本人は周りの目を気にして、ついついへりくだりすぎてしまいます。謙遜して「うちの子は可愛くなくて〜」なんてご近所さんに我が子を紹介しても、その後に「今のは冗談！　あなたは可愛いに決まってるじゃない！　ＯＨ、マイエンジェル、キスミー♡」なんて、子供をフォローしてあげられる素敵な対応が毎回できるのが理想なのですが……、まぁ親子関係も一筋縄ではいかないですからね。

でも、もう大丈夫。安心してください。

子供の頃、ポジティブなティアラ（言葉の冠）をかぶせてもらえなくても、自分で自分にかぶせてあげればいいんです。

私は、そのお手伝いがしたい。
この本を読んでくださる人は、直接会ったことがある人もいれば、そうでない人もいるでしょう。だけど、断言できます。

「あなたは美しい！」

これまで、母親に褒められた経験がないかもしれない。
いつもグジグジしちゃって、人生、上手くいかないことばかりだったかもしれない。
でも、それは、子供のときにポジティブなティアラをかぶせてもらえなかったからにすぎません。

身近な人が何を言おうと、あなたが魅力的なシンデレラであることを私は知っているし、本書を通じてこれからそれを証明する方法を伝えていきます。

「美容」と「メンタル」の不思議な関係性

本章の冒頭で名前について触れましたが、あなたは自分の名前が好きですか？

私はメイクのアドバイスをするときに、なるべく**相手の名前を呼びながら**するように心がけています。それには、明確な理由がふたつあります。

ひとつは、**相手との距離感を縮めるために「名前を呼ぶ行為」が非常に効果的である**、というアメリカでの実験結果があるから（被験者に15分間会話をさせ、その会話中に複数回、相手の名前を呼ばせると、名前を呼ばなかった場合に比べて相手は親しみや好意を強く感じたそうです）。

これは**「カクテルパーティー効果」**と呼ばれています。イギリスの心理学者コリン・チェリーが提唱したもので、パーティーのように人が大勢いてザワザワとしている状況でも、自分の名前を呼ばれると、脳がその音をピックアップして聞き取ることができるそうです。

この効果を利用すれば、初対面で緊張もしがちな状況のなかでも相手の名前を呼び意識を私に向けさせて、リラックスムードへと導くことができます。

また、化粧品会社ポーラの2014年の研究結果によると、普段ファーストネームで呼ばれていない女性は初対面の相手から自分のファーストネームで呼ばれると、唾液中の**「オキシトシン」**というホルモンの濃度が増加することも分かっています。このオキシトシンは、別名**「幸せホルモン」**とも呼ばれるもので、幸せや愛情を感じると分泌されるホルモン。

余談ですが、女性が出産時に尋常ではない痛みに耐えられるのは、このオキシトシンが分泌されることで痛みが感じにくくなるためとも言われています。

また、初対面の相手からファーストネームで呼びかけられると、**別名ストレスホルモンとも言われる「コルチゾール」**の唾液中濃度が低下するそうです。

名前を呼ぶことで、相手の緊張を和らげれば、会話も弾んでいきます。特に女性はおしゃべりが大好きな生き物。私も例外ではありません。会話が弾めば、相手がどんな自分になりたいのか聞き出しやすくなるので、相手が満足するメイクを叶《かな》えやすくなります。

自分の本領を発揮するためには、下準備が大切。

私は、それを初対面のときから意識しています。

名前は「キレイになれる」おまじない

ふたつ目は、**名前とは、その人が生まれて一番最初にかかる「キレイのおまじない」だから。**これまでたくさんの方を見てきて感じているのですが、**名前と個人のイメージがリンクしている人がほとんど**です。

思い返してみれば、私はこれまで仏頂面の「えみ」さんにも、意地悪そうな「優子」さんにもお会いしたことがありません。弱気な「勝子」さんも、姿勢が悪い「凛《りん》」さんもいませんでした。おそらく、名前は人生のなかでもっとも多く聞いてきた言葉なので、本人自身が名前の持つイメージに染まっていくのだと思います。

人は、自分の名前を1歳くらいで認識できるようになり、名前を認識することで初めて、自分と他者を区別する「客観性」を持つと言われています。

名前は、両親から与えられた、世界でもっとも短くて、一番愛がつまっている言葉。

だから、名前は生まれて初めてかかる、キレイになれるおまじないだと思うのです。


名前に心が反応し、名前の持つイメージに自分が馴染《なじ》んでいくように、人間は心が反応することでジワジワと内側からつくられていきます。

真の美人になるための近道とは

美容とは、たとえるなら「木」のようなものだと思っています。

木には、地上に出ている目に見える部分と、地中に埋まっている目に見えない部分とがありますね。

私はＹｏｕＴｕｂｅを通して、肌のお手入れ方法や肌の悩みをカバーするメイクの方法などを発信していますが、それは木にたとえると、全て目に見える「枝」や「葉」にあたるもの。こう言ってはなんですが、これらは、小手先のテクニックのようなものです。

肝心なのは、目に見えない根っこの部分。根っこに栄養が行き渡っていなければ、木は枝を伸ばすことも葉をつけることも、キレイな花を咲かせることもできないからです。この根っこがすなわち、心でありメンタルです。

外見を整えることを無視していては、キレイにはなれませんが、外見だけ磨いてメンタルを無視しても、キレイにはなれないというわけです。

どちらか片方だけでは、もろくてすぐ枯れてしまう木。内側と外側の両方に意識を向けて磨いていくことが、本当の美人になる近道です。

このことを、ずっとずっとあなたにお伝えしたくてうずうずしていました（笑）。あえて本にしたのは、あなたが迷ったときにいつでも読み返せるから。

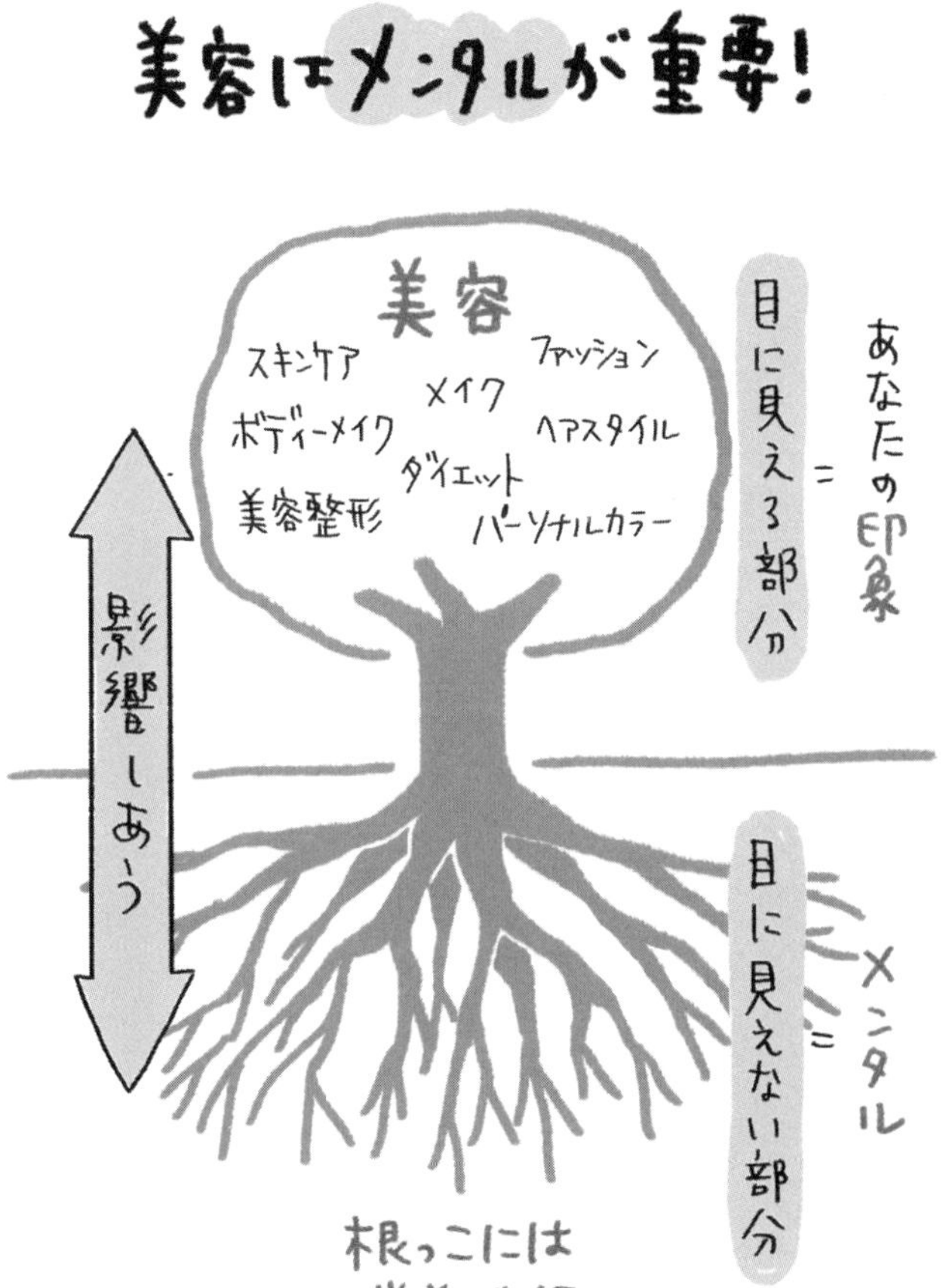
美容はメンタルが重要！
美容
スキンケア
ファッション
メイク
ボディーメイク
ヘアスタイル
ダイエット
美容整形
パーソナルカラー
目に見える部分
＝
あなたの印象
影響しあう
目に見えない部分
＝
メンタル
根っこには
栄養が必要

あなたが傷ついたとき、心が帰ってくる場所を用意したかった。

あなたが人生に迷ったとき、この本を開けばいつでも私がいます。

暑苦しいくらいに、あなたの人生を応援する気持ちを形にしたので、自分の応援団にやかましいヤツが増えたと思って、この本を手元に置いておいてくださいね。

実録「メイクで生まれ変わった」友人

美容は木みたいなもので、外見とメンタルはつながっていることをお伝えしました。外見を磨くだけではキレイになれませんが、外見を磨けばメンタルに影響を及ぼし、一気にその人の魅力が花開くこともあります。

その例として、私の友人の「ガチャミ」の話をしたいと思います。

今から10年ほど前のこと。当時ガチャミは26歳。彼女はいつもすっぴんで、おしゃれにもほとんど興味がなく「メイクしてる女なんて嫌いやねん」と、しかめっ面で、日頃から他者を否定する発言が多い女性でした。加えて、自分自身のこともネガティブに捉えているようで、私にとっては放っておけない存在だったのです。

彼女は、26歳になるまで男性とお付き合いをしたことがなく、好きな人もできたことがないと言っていました。

「私なんて誰も愛してくれない」

そんなふうに、ガチャミは、心のなかで拗《す》ねているようにも見えました。

勘のいい人なら、ちょっと引っかかるかもしれません。

この「ガチャミ」というあだ名。明るく可愛らしい印象は受けないですよね？

このあだ名も、彼女が自分から言い出したものです。

私は、そんな拗ねている様子のガチャミをついに見かねて、ある日「ちょっとメイクしてあげるよ」と言って、私のサロンに遊びに来てもらいました。

遊び半分で彼女にメイクをしたのですが、ガチャミにとってはおそらく、**本格的に**

フルメイクをしたのはそれが初めての体験だったのではないかと思います。

メイクを終えて、彼女は鏡を見るなり**「自分じゃないみたい！」**と大きな声で驚いて、「え⁉　え⁉　マジ⁉　わたし⁉」と繰り返し言っては、満面の笑顔で素直に喜んでくれました。

うれしそうな彼女を見て私も満足し、「よっしゃー！」とガッツポーズしつつ、改めてメイクのパワーを実感しました。その日は、ガチャミにメイクをしてすぐ解散したのですが、事件はそのすぐ後に起きました。

美容に目覚めるきっかけは些細なこと

突然ガチャミが電話してきて興奮した様子でまくし立てるように、こう話すのです。

ガチャミ「ねねねね、CeCe《シシ》、CeCe、CeCe！　今までの人生のなかで、一番うれしいことが起こった‼」

私「え？　なになになに？　何が起きたの？」

ガチャミ「いや、実はさ、今日さ、サロンの帰りに不動産屋へ行って、借りてた部屋の解約の手続きをしたんだけど……」

私「うんうん、それで？」

ガチャミ「鍵を返す最後の立ち会いのときに、不動産屋さんの人にナンパされたの！」

私「ええーっ!!　すごいじゃん！」

ガチャミ「その不動産屋さんにデートに誘われて！『今度、レインボーブリッジ、一緒にドライブしませんか？』って言われた！」

「えー！　レインボーブリッジデート!!　王道だな！」って、イヤイヤそこではなくて（笑）。これには私も驚きました。もう、ビックリマークを何個つけたらいいか分からないくらいびっくり（笑）。メイクをしてキレイになったその日のうちに、26年間彼女の身に起こらなかったことが起きたんです！

「すごい！　だってガチャミ可愛いもん！　よかったね！」

そう言って一緒に喜んだことを今でも鮮明に覚えています。

彼女は、このハッピーラブ事件をきっかけに、その日以降はなんと自分でメイクをするようになりました。これまでずーっと否定していた美容に目覚め、ファッションにも気を配るようになり、会うたびに、別人のように美しく変貌していったのです。

「美人上昇スパイラル」に入る方法

言ってしまえば、今まで自分に興味が持てなかったガチャミ。それが、自分に興味を持ってケアするようになると、カタカタ……とドミノが倒れるように良いほうへスピーディーに展開していきます。

まず自分の顔に興味を持ち、メイクをするようになれば、当然それをオフするクレンジング、その後の保湿工程であるスキンケアは無視できないので行うようになります。そこで、**しっかりお手入れをすることで肌はキレイになるのだと学習します。**

それを日々繰り返すなかで、まざまざと変わっていく自分を見ると、内側から湧き出るように自分に自信がつきます。すると、加工アプリなんて使わなくても目の輝きまで増して、顔つきまで変わっていったのです。

本当に注目してほしい変化はこの後。

ガチャミが変わったのは、外見だけではありませんでした。

他人を否定したり、ネガティブな発言をしたりすることもなくなったのです。ついにはSNSに自撮り画像をあげるまでに。以前の彼女なら絶対にしなかったことです。ガチャミは、顔つきだけでなく心の在りようまで進化したのです。

このようにすごい勢いで**「美人上昇スパイラル」**を駆け上がると、生き方までみるみる変わっていきます。

おしゃれが嫌いで不満ばかり口にして、拗ねて自分の殻に閉じこもっていた彼女はもういません。美人メンタルを手に入れたガチャミは今、素敵なパートナーと巡り合って幸せいっぱいの家庭を築いています。

さまざまな方にメイクをしていると、こんなふうに、美容が起こす奇跡の瞬間に立ち会うことがあります。

セルフイメージを書き換えて本当の自分に出会う

では、彼女に何が起きたのか、もう少し説明しますね。彼女がこんなふうに劇的に変わったのは、「美人メンタル」を手に入れたからなのです。

ガチャミの場合、私はメイクをすることで彼女の見た目をまるっと変えました。**女性は、一度キレイになったらその瞬間の自分を忘れない生き物**です。キレイになった自分を見て、彼女の自分に対するイメージがガラリと変わったのでしょう。だって、自分自身にネガティブなことを言う人は、子供の頃にネガティブなティアラを手に入れてしまったせいで、そのまま言葉通りのセルフイメージでしか自分を捉えていないから。

でも、本当の自分はそうじゃなかった。ガチャミも可愛くて美しいシンデレラだった。26年ぶりに、本当の自分に出会えたのです。

目に見える部分を変えたことが、メンタルに好影響を及ぼし、「私なんかどうせダメだ」「キレイになんかなれない」と理由もなく思い込んでカチカチに固まっていた心がほぐれたのだと思います。

そして、その後に起こったハッピーラブ事件が後押しして、「私ってキレイなんだ」「すごくイケてるのかもしれない」という自己肯定感の裏付けとなりました。それは彼女にとって革命的と言えるほどの出来事。

自分自身を見定める価値観が180度転換して、自分を肯定できるようになり、自分を認められる心（セルフエスティーム）、すなわち美人メンタルを手に入れたのです。

あなたの周りにも、ガチャミのような人っていませんか?

学生時代にメガネをかけていた同級生が、コンタクトレンズに変えたとたん急におしゃれになったとか。昔は地味な印象だったのに、社会に出てキャリアウーマンとして活躍し始めてから別人のように美人になったとか。

もしかしたら、あなた自身がそうかもしれません。

これらの現象は全て、メンタルが変化したことによって見た目が変わったということ。つまり、心を強くして美人メンタルを手に入れることができれば、誰にでもシンデレラ級に劇的に人生が変わる出来事が訪れるというわけです。

心の仕組みを読み解く「気」という概念

さて、外見が変わると心も反応し、自分自身への見方が変わるという例をお伝えしました。これは、心と身体がつながっているから連鎖反応を起こすのです。

もし、あなたが自分にネガティブなセルフイメージがあるとしたら、ガチャミのように美人メンタルを手に入れて自分に納得して、生き生きとして生きてほしいと思います。

それには、どうしたらいいのでしょうか。

外見は、メイクで変えることができます。

手を動かせば変化が起きるので、簡単と言えば簡単です（細かなメイクテクニックは、ぜひ私のYouTubeチャンネル「大人の美容作法―CeCeのパリコレメイク」を参考に）。

ちょっと難しいのは、それに応える「心」を理解すること。

この心。鏡で自分の顔を確認するようには、目で現在の心の様子を確認することができません。体温計や体重計のように、心の状態を数値化して確認することも現代の技術では不可能です。

では、どのように心を捉えるべきなのか。

そのヒントは、日本で昔から使われている「気」という概念を紐解くことにあります。いきなり「気」と言われても、ピンと来ない人も多いかもしれません。しかし、生きている限り「気」と無縁な人はいないのです。

「気」とは、いわゆるエネルギーのようなもの。人が生命活動を営むうえで必要とする根源的な力のことです。私は、「気」という言葉は「心」に近い意味合いがあると思っています。

心と身体の相互作用を正しく理解する

私たちが日常的に使う言葉にも、「気」は多く反映されています。

「気に病む」「気持ちがいい」「あの人とは気が合わない」「気のおけない人」「気が進まない」「気を落とさないで」「気のりする」など、考えてみると日常会話でよく使う言葉に「気」ってずいぶんあるんですね。

こうした言葉を使うシーンを思えば、私たちは「気」というものを「心の状態」や「感情」と似たニュアンスで捉えていることが分かると思います。

また、「病は気から」という言葉があります。これは、東洋医学の価値観です。この言葉の語源は、中国最古の医書と言われる『黄帝内経《こうていだいけい》素問《そもん》』のなかの一文「百病は気に生ず」からきていると伝えられています。

気の持ちようで、体調が悪くなったり、良くなったりする様子をあらわしている言葉です。

あなたも、「なんか体調が悪いような気がする……」と思っても、気分転換をしたり、友達と楽しくおしゃべりしたりしていたら、そんなことを感じていたことすら忘れていた経験があるはずです。

逆に、彼氏にフラれた、友達とケンカした、仕事で失敗したということがあれば、落ち込んでしまって何もやる気が起きず、ベッドで横になりたくなって、なんだか身体までダルいように感じるなんて経験はありませんか？

これらの経験から想像するに、心の状態と身体は深く影響し合っています。

私たちの心の状態に、身体は敏感に反応するのです。

好きな人の前では、ドキドキと鼓動が速くなりますし、緊張すると肩が上がり呼吸が浅くなり、身体がカチンと固くなりますよね。これは、心の状態に反応した自律神経の働きによるものです。

この「自律神経」にも、心を理解するカギがあります。うまくコントロールできるようになってほしいので、仕組みをお伝えしますね。

現代のストレス社会を生き抜く知恵

自律神経とは、自分の意思とは関係なく24時間身体をコントロールしている神経で、心の状態と自律神経は直結しています。

自律神経には**「交感神経」**と**「副交感神経」**のふたつがあり、**活動的な朝や日中は交感神経が優位になり、緊張が解ける夕方や夜には、身体をリラックスモードに導く副交感神経が優位になる**ことが分かっています。

夜になると自然と眠くなるのは、日中に動いた身体の疲れを睡眠によって回復しようとするためです。睡眠をとらずに起き続けていては、心と身体が動きっぱなしで疲れ果ててしまいますので、健康を維持するために、自律神経がその働きを担っているというわけです。

近頃は、自律神経を整えることへの関心が高まっているように感じます。というのも、**現代人は自律神経のバランスが乱れがちで、それが原因で身体の不調を感じている人が多い**からです。

自律神経の乱れは、あらゆる病気を招く要因になることが分かっていて、年々増加傾向にあるうつ病なども、自律神経の乱れが影響しているとも言われています。

現代の日本人はみんな忙しいので、身体に不調が出て初めて「休もう」とする人が多いのですが、それでは遅いのです。もっと早くから自分の不調に気づくことができれば、身体と心の両方を救うことができます。

自分をいたわるとは、自分に興味を持ち、かすかな変化も見逃さず、自分をきちんとマネジメントすることです。

これは、ストレス社会を生き抜くための重要なスキルと言えます。

睡眠の質を高める「サーカディアンリズム」

それでは、ちょっとここでアイスブレイク。

自律神経が乱れる原因として、次のようなことが挙げられます。あなたの日常生活を思い出し、当てはまる項目が何個あるかチェックしてみてください。

- 仕事が終わるのが夜遅くのため、夜型の生活になりやすい。
- ベッドに入ってからの〝だらだらスマホ〟が癖になっている。
- 慢性的な寝不足である。
- 室内にこもりがちであまり日光に当たらない。
- ストレスを感じることが多い。
- 1日中やるべきことに追われていて、リラックスする時間が持てない。

さて、あなたはいくつ当てはまったでしょうか。

もしかして……全部でしょうか？

これらの項目は、**〝サーカディアンリズム〟**と呼ばれる、1日（24時間）の周期を意識したもの。

サーカディアンリズムとは、「体内時計」とも呼ばれていて、地球の自転によって変化する1日の明暗周期に合わせて、体内の状態も変化する生理現象。

外が暗くなる夜に眠くなり、太陽が出て明るくなる朝になると自然と目が覚めるのは、この生理現象が機能しているからです。

人間を含めてほとんど全ての生物に備わっているため、仕事重視の生活などでそれを無視し続けると、身体に不調が起きます。

特に、私たちが手放せなくなっているパソコンやスマホ。この液晶にはブルーライトが使用されていますが、ブルーライトは目への刺激が強く、脳を覚醒させることが分かっています。

夜になってもパソコンやスマホを長時間見続けると、身体は眠りたいのに交感神経が優位になって眠りにつきにくくなる、眠りが浅くなるなどの状態を招き、「寝ても疲れが取れない」「体調が優れない」といった不調が起きやすくなります。

体調が優れないと、イライラしたり気分が落ち込みやすくなったりしますよね。

身体の状態はこうして心にも反映されます。

自律神経を乱すストレスは美容の大敵だ

ストレスを抱えることもそうです。ストレスを感じるのは、自律神経を乱すもっとも大きな要因とされています。人は、ストレスを感じると、ストレスから身を守るために脳がストレスホルモンを分泌する指令を出します。過剰なストレスホルモンは免疫力の低下などを招き、病気や体調不良の要因となります。

やはり、心と身体はつながっているのです。

そして、これは美容も同じで、**「キレイも気から」**なのです。

心の不調は美容にとってもよくありません。

あなたは、ストレスを感じた時期に肌荒れをした経験はありませんか？

健康な肌の表面のpH（ペーハー）値は4・5〜5・5の弱酸性に保たれているのですが、心の不調を長く抱えていると、このバランスがくずれてニキビなどの肌荒れを起こしやすくなります。

肌が常に弱酸性なのは、肌表面につく雑菌などの繁殖を抑えるためですが、**免疫力が低下するとpH値が中性に近づいて殺菌力が弱まり、アクネ菌などの増殖につながります。**

ニキビができたから、皮膚科で薬をもらって塗ったのになかなか治らないという話をよく聞きますが、実はストレスによる免疫力低下が原因になっていることも多く、そこを解消しなければニキビは治りにくいと言えます。

また、**「ストレス太り」**という言葉もありますね。

ストレスを感じることで分泌されるホルモン**「コルチゾール」**は食欲を増進させる

ことが分かっていて、ストレスを抱えているとドカ食い衝動を起こしやすくなります。さらに、コルチゾールが分泌されると、それに反比例して食欲を抑制する神経伝達物質セロトニンが減少するので、食べるのをやめたくてもやめられない状態になります。**ストレスホルモンは血糖値にも影響することが分かっていますので、ストレスは肥満を招くとも言えます。**

美の多様性が認められている現代、スリムなことが美しさの全てではないですが、健康を害するほどの肥満は避けたいのが本音です。

自律神経を乱すストレスは美容の大敵。東洋医学の「気」という概念をインプットして、なるべく健やかで、ポジティブな良い感情を持って毎日を送ることを心がければ、健康を守るだけでなく美容にとってもいいことずくめです。

心にモヤモヤをつくる「ストレスの原因」

「キレイは気から」

だから、毎日良い感情を持って生きるのが、美容にもいいとお伝えしました。

でも、実際にこれを実践するのはなかなか難しい……。私自身、毎日、ネガティブもポジティブもいろいろな感情を抱きながら生きています。

ストレス社会と言われる現代において、ストレスを感じないように生きるのは不可能。誰しも何かしらのストレスを抱えながら毎日を送っていると思います。

では、**ストレスの原因になるものは何でしょうか？**

少し考えてみたいと思います。

たとえば、朝の通学・通勤時の満員電車、道路の渋滞はストレスを感じますよね。

さらに、電車遅延も重なったら「朝の会議に遅れちゃう」ってさらにイライラ。

やっと学校や職場に着いても、うまくコミュニケーションがとれない人がいるなど、人間関係の悩みがあり、そして、自分自身の作業効率や成果に対しての悩みもあるかもしれません。

また、些細《ささい》なことで友達やパートナーとケンカしてしまった、これもストレスの原因になるでしょう。

他にも、きょうだいや会社の同僚と比べられたり、他人よりも劣ると思うことでストレスを感じることもあると思います。

また、将来への不安もストレスの原因になります。10年、いえ、5年先でさえどんな社会になっているのか、先が見えない世の中。

「自分はこのままでいいのか」と不安が頭をよぎり、就職や転職について考えてみる。でも、毎日目の前のことに追われているので、具体的な行動を起こせていない……。

役割や責任が次から次にやってきて、こなすことに手一杯。自分の本当にやりたいことは、いつも後回しになってしまう。

こんなモヤモヤした状況も、心を蝕《むしば》むストレスになります。

前向きに諦めるのも「美人メンタル」

こんなふうに、私たちを取り巻く環境には、ストレスの種がいっぱいあります。心に余裕がなくなるなかで、それでもなるべく「人に迷惑をかけないように」生きようとします。

この言葉も、親世代からもらう言葉のひとつです。
実際に親から「自分のことは自分でやるのよ。人様に迷惑をかけないようにね」という言葉をかけられた人も多いはず。
私も人の親なので、こう言いたくなる親の気持ちは分かります。でも、この言葉を私なり解釈すると、こうです。

「生きていたら、絶対人に迷惑をかけるときは来る。そして、自分が迷惑を被《こうむ》ること

もある。あなたも迷惑かけることがあるし、私も迷惑かけるよ。でも、その代わりいっぱい幸せにするから、よーろーしーくーネッ♡」

こんなふうに明るい諦《あきら》めと思い切りを持てば、生き方を楽にします。

これも**「美人メンタル」**のひとつ。

人の個性は多種多様で、得意や不得意も人それぞれ違います。

誰かと比べて落ち込んだり、誰かの才能に嫉妬して悩んだり……、そうした無駄なことに時間を費やすくらいであれば、私はお互いに補い合える相手を見つけるほうがいいと思います。

私は提出物の期限を守ることが大の苦手。そこの部分ではいろいろな方々に迷惑をかけるかもしれないけれど、その分、他の得意分野で幸せにすることができる。この凸と凹が合わさることが許されるのが、理想の社会だなと感じています。

自由と幸せは「自分で許可していい」と知る

人生は、選択の連続です。

「今日何を食べよう」という小さなことから、「誰と会おう」「進路をどう決めていこう」「これからどんなライフプランを描いていくか」という将来につながる大きなことまで。

今のあなたの環境は、これまでの選択の積み重ねでできている。これは無視できない事実です。

もし今、何かにストレスを感じていて自分の現状に満足ができていないのなら、その選択をした理由は何でしょう。

もしかしたらそれは、セルフエスティームの低さから来る自分への自信のなさかもしれませんね。「なるべく控えめに」「私なんかができるわけがない」と、どこかで思いながら選択肢の幅を狭めてしまったのかもしれません。

あと、「もう若くないから」と年齢を重ねることをネガティブに捉えているのも理由かもしれません。「年甲斐もなく」という言葉も、人生の選択肢を狭めてしまうと感じています。

人は、「こうなったらいいな」という理想の自分と、現実の自分にギャップがあればあるほど、ストレスが大きくなります。

あなたも今は、ストレスを抱えているかもしれません。

でも、**この本をきっかけに「美しく強い心」を手に入れて、なりたい自分になればいい。**美しく強い心は、ストレス社会をサバイブするあなたを助けてくれる強力な武器になります。

きっと、あなたも子供のころは「こうなりたい」、「あれがやりたい」といろいろな目標や未来を描いていたはずです。それを「現実を知る」という言葉を理由にあきらめ、既存の枠組みのなかで生き方を選ぶことを「大人になる」と思っていませんか？

30代や40代、まして50代、60代になっても美しくありたいと願うことは、本当に「いい年をして変なことを考えている」のでしょうか？　私は決してそうは思いません。

それでは次章からは「美容の本質」についてお伝えしていきます。

第1章のまとめ

▼親が自分を見定めたこと、親にかけられた言葉は間違っていることもある。

▼誰がなんと言おうとも「あなたは魅力的なシンデレラ」である。

▼美容は「木」みたいなもの。メイクテクニックは「枝葉」にすぎず、本当に大切なのは根。すなわち「メンタル」である。

▼他者を例に「人は変われる」という事実を理解する。

▼私たち人間は、心の状態によって身体の反応が変わる。

▼ストレス社会を生きるカギは、「明るい前向きな諦め」を持ち、他者と自分を受け入れること。

第2章

内面からキレイになるための「美容の本質」

美容が「ストレスの原因」では本末転倒

美容とは、本来とっても楽しいもの。

でも、ときに美容そのものがストレスになることもあります。
たとえば、極端な食事制限をするダイエットなどです。

ファスティング（断食）の流行からか、「痩せたいから食べない！」という思考の人が増えたように思います。キレイになるために努力することは素敵ですし応援したいのですが、そのやり方には注意が必要です。

食欲をガマンして、食べないから痩せられるかと言うと、そうとも限らないからです。

身体には、体内（体温や血液成分の濃度など）を一定の状態に保とうとする働きがあります。これは第1章でお伝えした自律神経による働きのひとつで、体重にもこれらが関係しています。

極端な食事制限をして急激に体重を落とすダイエットは、身体に大きな負担がかかります。一時的に体重は落ちるかもしれませんが、元の食生活に戻せば、ほぼリバウンドします。

リバウンドがなぜ起こるのかと言うと、身体は体重が一気に落ちる生命にとって危機的な状況を一度経験すると、それを記憶して、その後にたくさん栄養が入ってきたら、栄養を脂肪に変えてなるべく身体に蓄えようとするからです。

私たちも日常で経済的な危機を経験したら、それ以降はなるべく貯金しようとしますよね。

これと同じことが身体でも起こるわけです。

要するに、断食で極端に身体に負担をかけてしまうと、目的とは逆に太りやすい体質になってしまう可能性もあるということ。

ならば、わざわざ辛い思いをして食べないダイエットなんてしなくてもいいと思いませんか？

私の考えとして、**ファスティングは痩せるためと言うより、食べすぎによって体内に蓄積されたもののデトックスを目的としたほうが効果的です。**それは、胃のなかに食べ物がありすぎると消化が滞ってしまうので、一時的に固形物を食べないようにして胃のなかに残っている食べ物をどんどん消化するためです。

もし、あなたがダイエットをしたいと思っているのであれば、ファスティングではなく、必要な栄養をとりながら行うことをおすすめします。

「ストイック」と「自虐」は違う

この本をお読みの皆さんのなかには、ストイックに美容に向き合っている、そんな人も多いと思います。

そんな日々を続けていて、どうですか？
ストイックさのあまり、実は辛くなっている人はいないでしょうか？

ストイックは行きすぎると自虐になります。

つまり、知らず知らずのうちに、心をすり減らしてしまう原因になりえるということ。たとえば、先にお伝えした必要以上に食欲を我慢するのは自虐的な美容法。それは、一時的にキレイになれたとしても長続きしません。美味しいとも思わないダイエット食品ばかりを食べることもそうです。それは、心を置き去りにしています。

「キレイになりたい！」「変わりたい！」と思って始める美容は、「MUST《マスト》に（〜しなければならない）」になりやすいのです。

「なぜそれをする必要があるのか」
「それをすると自分はどんな気持ちになるのか、嫌ではないか」

自分の心を置き去りにした状態では、こうした自問自答ができなくなるからです。

型にはまったキレイの価値観に縛られてしまうと、「〜しなければキレイになれない」という思い込みが生まれます。

「痩せなければキレイになれない」「欠点を消さなければキレイになれない」などが、その思い込みにあたるもの。

つまり、「ＭＵＳＴ美容」は、まるで強迫観念のように自分を辛いほうへ、辛いほうへと追い詰めてしまうのです。

本来、キレイになる行為は楽しいことのはずなのに、これでは、どれだけ苦しみに耐えられたか、というゲームになってしまいます。

ありのままの自分を承認する大切さ

今でも十分スリムなのに、「もっと痩せなければいけない」と思っている人は本当に多いです。ダイエットが強迫観念になると、食事が怖くなり、摂食障害（過食症や拒食症）といった深刻な心の病にかかることだってあります。

自虐的な美容が定着すると、セルフエスティームは下がる一方。

「もっと瘦せたい！」「瘦せなければキレイになれない！」という考えは、今の自分をどこかで否定しているからです。

これでは、たとえダイエットが成功して細身のデニムがはけたとしても、外側だけキレイになっている見せかけの状態で、美人メンタルは手に入りません。

ありのままの自分を受け入れて、その価値を承認してあげてこそ、さらなるキレイや充実感や幸福感を引き寄せるのです。

人は、今の自分自身の良さをあまり知らずに「もっとキレイになりたい！」「瘦せたらキレイになれるんだ！」と安易に思っているふしがあります。

「瘦せたい！」と思ったら、そのダイエットは本当に必要なのか、一度自分の頭でちゃんと考えてみてください。

「ちょっとぽっちゃりしてるけど、タレントの○○さんもこんな感じだよね。あの人愛らしいし、この体型も悪くないのかもしれない」

「正直、むっちりとした体型は気になるけど、どこまで痩せるべきかは自分で決めたほうがよさそうだな。もしかしたら、今の体型ごと愛してくれる人が運命の人かもしれないし」

こうしたポジティブに捉える考え方のほうが、長く継続できる物事が多いのです。自分がしっくりくる考えを見つけられるように、いろいろな角度から自分を見つめ直してみましょう。その結果**たどり着いた答えが、メディアが定めた基準体重や体型と違っていても、なんの問題もない**ので大丈夫です。胸を張ってください。

心が豊かになるのが「正しい美容」

もっと、体型について考えてみましょう。

正直、今の時代に「スリムな体型に憧れを持つな」と言うほうが難しいのかもしれません。

その理由は、**SNSの普及により数多《あまた》に開発された加工アプリの存在**です。

とあるアプリは、ノーマルな設定が既にスリムモードになっています。

もはや、頼んでもいないのに、カメラに映った自分の顔や身体が小さく細いのです。

私が思うに推定3キログラム減には見えます（笑）。そんな自分を見せられたら、「やっぱり痩せたほうが可愛いかも」と思っちゃうのも分かります。

まぁ、それはそれで仮想現実として、現実とハッキリ線引きして遊ぶようにしましょう。

または、落ち込んで心が暗いときに、アプリでリップの色を変えたり、アイシャドウの色を変えたりして、自分に何が似合うかそこで試し「あ、私、意外とオレンジリップ似合うじゃん♪」と自分の可能性の幅を広げ、セルフエスティームを高めることに使うのもいいですね。

私が強くお伝えしたいのは「痩せている＝キレイ」ではないということ。

痩せている、または太っていることが、直接的にその人の持つ魅力に影響することはありません。

あなたの周りにいる友達や知り合いのなかで、あなたが「好き」と思える人を思い浮かべてみてください。

笑顔が素敵で、仕事もプライベートも充実している、そのうえ人にも優しくて……。

そんな人があなたの周りにいると思います。

その人たち全てがモデルさんのような体型でしょうか？

きっと全員ではないと思います。

だからと言って、あなたはその人との関係を終わりにしようとは考えていないはずです。

それは、太っても痩せても消えることのない魅力です。ただ身体のスリムさを追求するよりも、そんな人を目指してみませんか？

キレイになりたいと思ったら、美容を楽に捉えて、**「MUST」ではなくて「BETTER」くらいでいい**のです。キレイになる美容法も、キレイな人も、「これ」というひとつの答えがあるわけではないということを知ってほしいのです。

たくさんある美容法のなかで、キレイになる過程を楽しめるものを選べばいい。

美容とは、キレイになるほどに心が豊かになっていくものです。

続けるのが辛かったら、「豊か」とは逆の方向に行っているので一度やめてみましょう。**辛いという自分の心に気づいて尊重してあげることも、大切な美容法です。**

流行や他人の価値観に合わせる必要はありません。

あくまでも自分が楽しいものを選んでくださいね。

何かで「辛いな」と感じるようであれば、心が黄色信号を出しているのかもしれません。その黄色信号を見逃さないように、あなた自身が自分の心とちゃんと向き合ってみてほしいと思います。

パリコレで学んだモデルのメンタル

私は、24歳のときにパリ・コレクション（通称：パリコレ）のメイクアップアーティストとして参画しました。パリコレは、フランスのパリで年に2回開かれる世界トップレベルのファッションブランドの新作のお披露目会です。

私はそこでChristian Dior（クリスチャン・ディオール）やJohn Galliano（ジョン・ガリアーノ）などの、オートクチュールファッションショーでモデルのメイクを担当していました。

既製品（ファッション用語で「プレタポルテ」と言います）ではなく、セレブリティの方ひとりのためにつくられた1着数千万円の衣装に合わせるメイクを担当したこともあります。

パリコレは、ただのファッションショーではありません。

パリコレに出られることは、ひとつの成功の証《あかし》。

それは、ファッションブランドもモデルも同じこと。

とても歴史あるショーで、過去には冨永愛さんを始め、日本人モデルも参加しています。

世界のトップ・オブ・トップの雰囲気を味わえることはなかなかありませんので、気になる方はぜひ、文献や映像でパリコレの魅力を感じてほしいと思います。

そこで活躍するトップモデルたちは、その場にいるだけで周りを圧倒するオーラの持ち主ばかり。自分の個性の魅力を誰よりも理解していて、どんな状況でも美しさをアピールできるメンタルの強さがあります。

しかし、**全てのモデルがそうではありません。**

バックヤードは、「絶対にショーを成功させたい」という独特の緊張感に満ちています。それは〝ピリピリした緊張感〟という表現が可愛らしく思えるほど強烈なもの。

そんななか、まだデビューしたての14、5歳の少女のように見えるモデルは、ウォーキングに不安を抱えているためか、表情がこわばっていたりもします。

表舞台であるショーはきらびやかなものですが、裏方はじゃんじゃか、じゃんじゃか次から次へとスピーディーに仕事をこなしていかないと追いつかない。

現場はいつも慌ただしいのです。

メイクアップアーティストは、**持っている技術でモデルの美しさを最大限に引き出すメイクをする**のが仕事ですが、そんなモデルたちの緊張をほぐしてベストな状態で花道へ送り出してあげるのも仕事です。

モデルには会ってすぐにすっぴんの肌を触らせてもらうのですから、メイクアップアーティストはメイクの技術だけでなく、コミュニケーション能力の高さも求められます。モデルの肌の調子を見ると同時に、相手のメンタルにも配慮しながらセンシティブに仕事を進めていくのです。

メイクで整えるのは顔だけではない

たとえば、些細なことですが、私はメイクをするときに相手の顔をいきなり触らないように心がけています。

あなたも、緊張しているときに、会ってすぐの相手に顔に触れられたら、びっくりして恐怖を感じてしまいますよね。

そのため、まずは相手の顔から遠いところにさりげなくボディタッチをして、徐々に、触る場所を顔に近づけていくようにしています。

話しかけながら、相手の腕、次に肩、次に膝に手を置きます。

そうやってコミュニケーションをとりつつ、次に軽くマッサージをしてあげるつもりで腕や肩を触ります。

そうすることで相手の警戒心が解けて、短い時間でも距離をぐっと縮めやすくなるのです。

これまでメイクを担当したなかには、世界最大の投資持株会社であるバークシャー・ハサウェイの筆頭株主であり、総資産715億ドル（約7・65兆円）の世界的富豪として有名なウォーレン・バフェット氏の息子の元妻であるメアリー・バフェットさんがいました。

ほかにも、『人生がときめく片づけの魔法』（河出書房新社）の著者として知られ、『TIME』誌で「世界で最も影響力のある100人」のひとりに選出された近藤麻理恵さん（通称：「こんまり」さん）の専属メイクをしたこともあります。

世界的な著名人は、何千人もの人を前にしてスピーチすることが日常ですが、繊細な性格の方が多いのも事実で、舞台を前にナーバスになる方もいらっしゃいます。そんな方々の肩に入った力をほぐして気分を盛り上げていくために、楽屋では5分の空き時間でも無駄にしません。

お渡しする飲み物ひとつにも気を遣います。

誰でも、緊張すると指先が冷えやすくなるからです。

だから、冷たすぎるものは避けて常温で用意したり、白湯《さゆ》を用意したりします。

何度か会っている方なら、炭酸水が好きなのか、ミネラルウォーターならどの銘柄が好きかまで、好みのドリンクをインプットしておきます。些細なことですが、そういった一つひとつの配慮が彼女たちの緊張を解いて、**ベストな状態で本番に向かうサポート**になります。

クライアントを迎え入れる楽屋は、**「空間の質」**にこだわるようにしています。メイクされる側の立場に立って考え、室温はちょうどいいか、椅子の座り心地は悪くないかなど細かいところまでチェックして、もしコンディションを乱すものがあれば徹底的に環境を改善します。

クライアントを自分のこと以上に考えて、ケアするのです。

美容は「環境づくり」から始まる

こういった、一見小さな気遣いにすぎないと思えるけれど、その人が心地よく過ごす大きな助けになっていることは日常生活でもよくあります。

たとえば、美容室などでカットやシャンプーをしてもらう前に、小さい抱き枕を渡された経験はありますか？

これは意味なく渡されているわけではありません。

人間は、手足のポジションが安定すると、リラックス状態に入りやすいとされています。反対に、手足のポジションが不安定だと心もソワソワと落ち着かなくなるので、これでは「早くシャンプー終わらないかなぁ」なんて思ってしまい、せっかく時間を割いて美容室に来たのに、良い気分になれないからです。

キレイを突き詰める場所は、こんなふうに身体的に快適であることが欠かせません。

身体的な快適性を突き詰めるのは、精神的な安堵にもつながるからです。

癒される空間に身を置くだけで、人は無意識的に「自分は受け入れられている」と感じられるようになります。

人だけでなく動物も同じ。動物の取り扱いに慣れている人は、生まれたての子猫を冷たいシャーレや床の上に置くことはしません。なるべく毛足が長いふかふかのタオルなどの上に置くようにします。

そうすることによって、母猫がいない場所でも母猫に抱かれているような感覚を覚え、子猫が安心するからです。そして生まれたてにどんな環境に置かれたかは、その後の子猫の性格にまで影響を及ぼすと言われています。

ですから、居心地がいい空間をつくることは、その人から危機感を徹底的に排除するようなものです。**安全で居心地がいい空間にいればいるほど、それだけでセルフエスティームはぐっと高まります。**

自分をとことん可愛がってあげられる、まるでお姫様のようになれる空間こそがキレイを呼び込める場所です。

あなたも自分のお部屋づくりをするときは、**「徹底的に居心地のいい場所にする」**と決めて、インテリアなどにこだわってみてください。

なにも高級な家具を買うとかそういうことではないのです。毎日使うタオルは自分の好きな質感のもので揃えたり、自分が好きな色のカーテンにしてみたり、そういうちょっとしたことでいいのです。

家族と住んでいて、お部屋を自由に模様替えできない場合は、お部屋の一角に自分のお気に入りのアイテムを置いたり、飾ったりするだけでも気分が上がります。

そうすれば家に帰るのが楽しくなり、嫌なことがあったときも、お家でリラックスすると回復できるようになります。

自分がいる環境に気を配り、自分の過ごしやすい場所に整えるのも、大事な美容法

のひとつです。

内面から美しくなるための準備とは

こんまりさんの専属メイクをしていたときの話です。

こんまりさんは、当時、クライアントのご自宅にあがって片づけのアドバイスをする仕事が多く入っていました。

私は、撮影にも同行させていただいたのですが、こんまりさんは黒いタイツがお好きでよく履いていらっしゃいました。皆さんも経験があると思うのですが、黒のタイツって、ホコリがついたときに目立ちやすいですよね。

撮影では、一般の方のご自宅にあがるので、絨毯《じゅうたん》などの糸くずがタイツについてしまうことも多かったものですから、ホコリや繊維を取るためのガムテープをいつも携帯していました。

また、忙しくて寝ることもままならない超売れっ子だったので、移動中や少しの待機時間に仮眠をとれるように、小さな毛布を常備もしていました。寝不足だと目の下にくまができてしまいますし、肌の調子もくずしがちになります。ですから、少しでも休ませてあげられる環境づくりをしていました。

メイクをするときだけでなく、こんまりさんのライフスタイルに沿った、こんまりさんにとって良い環境づくりを心がけていたのです。


美容という言葉には、こういった環境づくりの意味も含まれていると私は思います。

メイクをするときだけ自分に意識を向けて、上手にアイラインが描けているか、ファンデーションが塗れているかなどを気にしていても、「その人まるごとキレイ」にはなれません。

美容アイテムが溢れ返った雑然としたドレッサーではスムーズにヘアメイクができませんし、お手入れが行き届いていないブラシやパフでは、メイクのクオリティも下がってしまいます。


自分を取り巻く環境を整えて、いつでもキレイになれる準備があること。そんな環境づくりを普段から意識することが、健やかでキレイでいられる自分をつくるのだと思います。

「美容の本質」は「自分が楽しむ」

美容の本質は、自分自身を可愛がってあげることにあります。いわば、自分自身と対面して、自分が求めていることに自分で応えて可愛がる、ひとり遊びみたいなものです。

忙しい日が続いたら、休日はたっぷり睡眠をとってあげることも、自分を可愛がってあげることですよね。

美容室に行くのもエステサロンに行くのも、コスメひとつ買うのも、全部、自分を可愛がってあげる行為。

自分が心地よくいられること以上に大切なことはないのです。

そういった自分を可愛がる環境づくりに意識を向けてみましょう。

部屋をキレイに掃除していつも清潔な状態でいることも、自分を可愛がってあげることになります。お部屋のなかに、空気をキレイに保つ効果もあるグリーンや、彩りが美しい花を飾るのも気分が変わっておすすめです。

ペットを飼いたくても飼えないお部屋に住んでいる人は、代わりにお花を飾ってその手入れをしてみるのはいかがでしょう。動物も植物も同じ命です。どちらも世話をしないと死んでしまいます。

モヤモヤすることがあっても、意識を自分以外のことに向けると気分転換になるので、ぜひ日常生活に取り入れて、自分が喜ぶことをたくさんしてほしいと思います。

美容は何より、自分が一番楽しいことであって然《しか》るべきです。

「解釈を変える」と「環境も変わる」

さて、第1章でお話しした美人メンタルを手に入れたガチャミは、美容に目覚めていくと同時に、人を否定したりネガティブな発言をしたりすることもなくなりました。美人メンタルを持つ前はメイクをしている女性が嫌いだったので、世の中のほとんどの女性が嫌いだったように思えます。

職場に行っても街を歩いても、メイクをしている女性だらけのなかで、メイクをしていない自分だけが浮いているように感じて、周りに溶け込めない。いつもフラストレーションを抱えて生きていたガチャミ。

でもある日、自分自身がメイクをして「私ってキレイかも」と思えるようになったとたん、目に映る世界が変わった。これまで敵とさえ感じていたかもしれない周りの女性たちと、自分の間にあった境界線が消えたのです。

もちろん、もともとそんな境界線はなくて、彼女自身が勝手に定めたものにすぎなかったわけですが……（ここ意外と大事）。その境界線が消えてからは、ストレスがなくなって、ずいぶんと生きやすくなったのではないかと思います。

ガチャミの生き方は変わりましたが、周りの環境は何も変わっていません。彼女自身が世の中を見るフィルター（解釈）が変わっただけです。**つまり人間は、ものの見方ひとつで、今の環境が「地獄」にも「天国」にも思える生き物なのです。**

なにもガチャミほどに劇的でなくても、小さなことならあなたにも経験があるのではないでしょうか？

嫌いだった芸能人の意外な一面を見て、急に好印象を持つようになったとか、食べられなかった食材が何かのきっかけで美味しく食べられるようになったとか。

これも、それ自体は変わっていないけれど、**自分のフィルターが変わったことでマイナスがプラスに逆転した**、ガチャミと同じような例ですよね。

自分が持っている価値観というのは、こんなふうにひょんなことから、ある日突然ガラリと変わってしまうこともある。価値観とは非常に流動的なものです。だからこそ、きっかけさえあれば、あなたが今抱えている生きづらさは簡単に払拭《ふっしょく》できます。

そう考えると、今、あなたが感じているストレスはどうでしょう？　もしかしたら、ガチャミのように自分で勝手につくりだしているだけなのではないかという気がしてきませんか？

ストレスをなくしたい。でも、それは環境のせいだから、環境を変えないとストレスもなくならない。人って、そう思ってしまいがちです。

しかし、案外逆のことのほうが多いように私は感じます。自分が変わることで、取り巻く環境が変わっていくパターンです。

外から内ではなく、内から外という流れを意識して、今、自分が生きている環境を改めて見直してみると、今の環境も意外と悪くないと思えるはずです。

また、自分が変わることで何か状況が好転することはないかと考えてみると、状況を改善するヒントが思い浮かぶかもしれません。

叶えたい夢や目標は口に出して唱える

ここで少し、私自身の話をしようと思います。

まずはよく聞かれる「ＣｅＣｅ（シシ）」という名前の由来から。私は東京都府中市の出身なのですが、そこは伝統芸能がとても盛んな地域でした。府中囃子《ふちゅうはやし》と言って獅子舞《ししまい》を踊る文化が古くから根付いていて、私も地域の伝承活動に参加していました。

それを周りに話すと、とても珍しいということで「獅子《しし》ちゃん、獅子ちゃん」とニックネームで呼んでもらえるようになりました。

やがて海外での活動が増えるにあたって、名前を獅子舞を連想させる「ＣｅＣｅ」とすることにしました。海外の人に漢字を理解することは難しいですが、ＣｅＣｅは海外でよくある女の子の名前のためか、覚えてもらいやすかったのです。

そんな私がメイクアップアーティストになった理由。**そのきっかけは、幼い頃に母**

と遊んだ記憶にあります。

私の母は、11歳の頃に膠原病《こうげん》を発症し、それ以降ずっと身体の具合が優れない日々を送ってきました。

出産も、母にとっては健康な方よりも身体に負担がかかることだったのですが、ひとりだけ産もうと決意したそうです。そこで生まれたのが私でした。

私の幼少期は、朝起きた瞬間に母の身体の具合を聞くというのが日課でした。母のところに行って「今日は調子はどう？」「具合は大丈夫？」と聞くと、「うん。今日は大丈夫」と母が答える。そこから1日がスタートします。

とはいえ、「大丈夫」な日であっても、どこかに出かけることはほとんどなく、遊んでもらうのは家のなか。しかも、母のベッドの上の小さなスペースが遊び場でした。母の持っていた化粧品を広げて、お化粧ごっこをして遊んでいたことを今でも覚えています。

雑誌を1冊買ってきては「この人みたいな髪型にしたい」「じゃあ、リカちゃんの髪にやってみようか」と人形で遊んだり、「キレイになあれ」と母にメイクをしてみたり。

友達の家庭のように、家族で頻繁にアミューズメントパークなどに出かけることはなかったけれど、たくさん私に時間を割いてくれて一緒に遊んでくれた思い出ばかりで、今でも母のことが大好きです。

やがてヘアメイクアーティストを志すようになり、美容専門学校に入学してからは、将来はパリコレの舞台で活躍したいと思うようになりました。

毎日、ベッドに入って寝る前に「パリコレで仕事をする！」、朝起きて目を覚ますと同時に「パリコレで仕事をする！」と口に出して唱えては、そこで活躍する自分をイメージしていました。

それから数年後、実現したのですから、この**「唱える」ことと「具体的にイメージする」ことの効果は絶大だった**と感じています。

時計の針は戻らないと知った日

プライベートでは、生涯忘れることのできない「別れ」を経験しています。

それは、元婚約者を交通事故で亡くしたこと。

当時、私は25歳でメイクの仕事も順調、結婚を約束した大好きな彼氏もいました。彼は、転勤族でした。東京で同棲中に新潟行きが決まり、悩みましたが、大好きな彼に私もついていくことに。しかし、メイクの仕事を考えると、東京のほうが圧倒的に仕事やチャンスが多いため、1カ月のうち2週間は東京で仕事をがんばり、その後2週間は新潟で彼との生活を送るという二重生活のような暮らしをしていました。

新潟には友達もいないため、することもなく、専業主婦状態。3食自炊して彼のお昼用のお弁当もつくって、掃除をして、それでもやることがないので、1日2回掃除機をかけたりもよくしていました。

私が東京にいる間は、毎晩、彼と電話することでコミュニケーションをとっていました。おしゃべり好きな彼だったので、いつも会話は弾んで癒しの時間でした。

その日も、なんてことない話をして「おやすみ」で終わるはずだった……。

私「今日はどんなことがあったの？」
彼「ん〜、なんか今日は仕事で疲れた。ストレス抱えたままじゃ嫌だから、これから
　ドライブでも行ってこようかな」
私「えー、でも新潟は今、雨降ってるでしょ？　雨ならドライブはやめておけば？」
彼「いや、今日は気分転換してこようかな」
私「そっか。じゃあ気をつけてね。私はなんかお腹痛いから、すぐ寝るね」
彼「うん、おやすみ」
私「おやすみー」

これが、彼との最後の会話。
次の日、電話がかかってきたのは警察から。
「単独事故で、即死でお亡くなりになりました」という内容でした。
雨で見通しが悪いなか、彼は運転中にスピードを出しすぎてカーブを曲がりきれず、
高架下の壁にぶつかった……。

警察の話を聞きながら、感じたことのない恐怖が心臓から広がっていくのを感じました。それは全身をめぐって膝の力を奪い、私はその場で倒れ込んでしまったのです。恐怖の色は、きっと黒だと思います。視界の四隅からジワジワと黒いモヤが広がって、次第に目がかすんでいき、冷や汗が止まらず何もよく見えない……。

警察の電話の後、すぐに彼の家族から電話があり、ハッと正気に戻りました。私は彼の両親と私の母と彼の上司と一緒に新潟へ向かい、彼に会いに行くことに。指定された場所にいた彼は私が知らない彼でした。

2日前まで私を撫でてくれた、清らかで指が長く、温かい大好きな手がなかったのです。おしゃべりは好きなくせに肝心なことは言わない彼は、愛情を伝えようと、すぐ私を抱きしめる人でした。私は後ろから彼に抱きしめられて彼の腕に絡みつくのが好きだった。でも、その腕が……。

優しすぎて、本当は困っているときでも、すぐ笑ってその場を保とうとする彼は笑顔がよく似合う人でした。周りは気づかないけれど、私だけは彼の繊細な気持ちを見抜ける自信がありました。私には甘えることができた彼だけど、彼の繊細な孤独が分かるのは、私も同じものを持っているから。彼を癒すことで、同時に私も癒されていたのです。

そんなふたりだから一緒に生きていくと決めて、結婚の約束をして、キスをした。こんなにも人を愛《いと》おしいと思ったことはありませんでした。どんな話でも聞きたかったのに……。職場で嫌なことがあった彼は、やっぱり困りながらも笑っていたのだろうか。確認しようにも、彼の顔はない。何もかもがない。

大好きな彼には、もう会うことができない。

メイクに救われた私の人生

その日から私は、何もできず、何も食べられず1週間で4キログラム痩せ、そこから半年の間、私の心と身体は停止したのです。

正確に言えば、そんな状態でもメイクの仕事現場には行くことができました。

何も考えられないし身体も動かないけれど、クライアントさんの「ＣｅＣｅちゃんのメイク大好きだから、落としたくないよ～」「ＣｅＣｅちゃん、またメイクしてね！」という言葉が、耳からいつも聞こえてくる気がしたからです。

日常生活に私を徐々に戻してくれたのはメイクでした。

少しずつ仕事を行うなかで、何も食べられない状態から、赤ちゃん用の離乳食を食べることから始め、徐々に固形物を食べられるようになりました。

東京に戻ることを決め、引っ越し作業を始めたものの、彼と一緒に住んでいた部屋だから、そこで作業をするのは本当に辛かった。まだ彼の匂いが残っている洋服たち……片づけることは全然できなかったのです。

何度も何度も吠《ほ》えるように泣きました。

そんな状況で、私に寄り添ってくれたのは**自然**でした。

そよぐ風、太陽の光、道端に咲いている花……言葉を発することはできない自然だけれど、確かな「チカラ」を感じて、自然に触れることでそのチカラを自分のなかにたくわえていきました。花を眺めていると「寄り添っているよ」「ちゃんと見ているよ」「大丈夫だよ」と、言葉を使わずとも伝えてくれているような気がしたものです。

少し悲しい話をしましたが、**私は愛しい人の死を経験することで「生きる」ということを見つめ続けています。**この経験が誰かの役に立つ日が来ることを信じ、今は前を向いて生きています。

あなたが人生で辛い局面に至ったときには、自然に触れてみてはいかがでしょうか？「道に咲いているお花に価値ってある？　きれいごとじゃない？」って正直思うかもしれませんね。その気持ちも十分に分かります。でも、そのお花はあなたが必死にがんばっている間も、あなたが存在に気づかない間も、ずっとあなたを励まし続けています。どこか頭の隅にこのことを置いておいて、落ち込んだときはそっと自然に触れてみてください。**優しくて穏やかで力強い自然は、あなたが次の1歩を踏み出すのを応援してくれます。**

私の心をつなぎとめてくれた存在

私の話をもう少しさせてください。

元婚約者との死別から立ち直るなかで私を支えてくれた人と、そののち結婚しました。その相手は、元婚約者の親友。お互い深い悲しみを抱えて、自然と一緒にいることが多くなり、寄り添って励まし合うなかで結婚することを決めました。

その後、息子が生まれましたが、元夫とは現在は離婚しています。元夫がギャンブル依存症だったからです。

一生懸命働いて貯めた貯金は元夫のギャンブルの資金に消えていき、私の仕事の報酬は元夫の借金の返済にあてられました。まだ息子が小さかったので離婚もすぐには決断できず、当時は毎日が地獄のようでした。

昼間は働いて、夜になれば息子を寝かしつけて、翌日の保育園の支度をする。息子が寝息を立て始めると、そのそばで寝顔を見ながら、1日こらえていたものがどっと溢れ出してしまう。

「ああ、どうしよう。まだこんなに小さい息子をこの先、しっかり育てていけるだろうか」

そう思っては不安にかられ、泣いてばかりいました。

自分に自信を失って、空っぽになっていくような感覚。精神的に追い詰められていくのと同時に、肌も髪もボロボロになっていきました。そんな自分を鏡で見るたびに落ち込んで、「もう女性として終わってしまった。もう二度と女として見られることはなく、ずっとこうして生きていくんだろうな」と思っていました。

そこで自暴自棄にならず、**なんとか心をつないでいけたのは息子の存在があったからです。**

「この子が成長するまでは、がんばって生きていこう」と自分に言い聞かせて、離婚をして、「息子と新しい人生を生きていくんだ！」と決意したのです。

今しかできないことに挑戦する本当の意味

ちょうどそのときです。活躍の場を日本からニューヨークに移したこんまりさんに「一緒にニューヨークに行きませんか?」と声をかけていただきました。

専属になるということは、私もニューヨークに行くことを意味します。

まだ幼い息子のこともありましたし、生活が変わることに対する不安はありました。

でも、頭をよぎったのは**「やるしかない!」「ひとりで息子を育てていくためには、キャリアを終わらせるわけにはいかない!」**という覚悟みたいなものだったように思います。その強い思いで依頼を引き受けることにしました。

そこから約2年間は、目まぐるしく動く状況についていくことに、とにかく必死でした。海外でどんどん存在感を増していくこんまりさんと並走しながら、知らない土地で子育てもする。1カ月のうちの半分は日本で暮らして、半分はニューヨークで暮らしていた時期もあります。

息子は今や、私の仕事にどこにでも同行させてもらったおかげで誰とでも話せる社交性を身につけ、頼もしい男の子に成長してくれました。

ずっと走り続けてきた、ニューヨークを拠点にした暮らしがひと段落すると、私は休暇をもらって息子とふたりで旅に出ることにしました。

私は世界を旅するのが好きです。20歳のときは、300万円の貯金をはたいてひとりで世界中を回りました。そこで得たたくさんの経験が、今の私を形づくっています。

離婚をした直後も息子をつれて旅に出ました。元夫に使われてお金は残っていなかったので、宝物だったアクセサリーを売って旅行代金を無理やり捻出《ねんしゅつ》しました。

周りには「えっ！　これからシングルマザーになるっていう状況で、少しでも貯金しておこうとか思わないの？」と驚かれもしたのですが、私は自分に自信を持ちたかった。そのために**シングルマザーの今しかできないことをしよう**と思ったのです。

家庭を持っていたら、3カ月も家を空けることは現実的ではないですが、今ならできる。そのあたりの常識にとらわれない行動力は、いい意味で（笑）、私にもともと備わっている個性として自覚しています。

メイクをすることは「愛情表現」である

息子との旅の途中、船に乗っていたときのことです。息子が海面を指さして「ねえ、見てみて！」と私に話しかけてきました。

「船の足あとだよ！」と、息子が指さす先には、船が通った後にできる白い引き波。

これを聞いた瞬間、張り詰めていた心の糸がふっと緩むのを感じました。

息子の真っさらな感性に触れて、「なんてピュアなんだろう。大人になった自分にはもう、こんな感性がないな」と思うと同時に、忘れていたものに気づかされたようにも思いました。

「これから、メイクアップアーティストという仕事とどう向き合っていこうか」

「私にとって、美容とは？」

そんなことをふと考え、昔、母とベッドの上でお化粧ごっこをして遊んだときの気持ちを思い出したのです。

そうか、**私にとってメイクをすることは、メイクをすることを通してその人に向け**

た愛情表現なんだ。その人の人生がもっともっと輝くように祈りを込めてメイクすることが、自分のスタイルだ。

それに気づいてから、誰かにメイクをするときは「あなたってこんなに素敵なところがあるよ！」ということを、何よりも伝えたい気持ちでメイクをしています。

「いつだってなりたい自分になれる」と決める

実はこんまりさんと知り合ったのは、日本で開催したメイクレッスンがきっかけでした。こんまりさんが共通の友人を通じて私のうわさを聞きつけ、メイクレッスンに参加してくださったのです。初めて会ったとき彼女は25歳で、大手企業を退社したばかり。そして、1冊目の本の執筆中でした。

こんまりさんは今や世界を股にかけて活躍する、日本を代表する女性のひとりです。でも、その頃のこんまりさんは、メイクに対してどこか自信なさげに見えました。あんなに堂々としていて輝きを放つ現在のこんまりさんの姿からは、ちょっと想像がつかないほど。

そんなこんまりさんも、本を出版してからというもの、どんどん活躍の場を広げ、世界進出を果たすまでの素敵なスーパーウーマンになりました。

人はいつだって、なりたい自分になれる。私はそう確信しています。

なれないのだとしたら、それを妨げているものがある。

それは、自分自身のなかに潜んでいるものだと思います。悩みを抱える多くの人の頭の上は、何かモヤモヤした雲みたいなものに覆われてしまい、それが自分にブレーキをかけているように思えます。考えすぎて臆病になっていたり、自分の可能性に気づいていない人もいたり、考えることすら放棄している人もいます。

その雲を取り去るには、自分に自信をつけて勇気を得ることが重要です。

私の場合、**メイクを通してその人に勇気を与えたい。**メイクをすることで、その人をサポートしていくのが私の愛情表現です。

メイクというのは、お顔の表面だけに施すものではありません。心まで届いて、やがて生き方まで変える力がある素晴らしいものだと私は信じています。

第2章のまとめ

▼美容が「ストレスの原因」では本末転倒。
「ストイック」と「自虐」は違うことを理解する。

▼不必要なダイエットは、体重ではなく心がすり減ると心得るべし。

▼「美人メンタル」は環境づくりから始まる。

▼「MUST美容」ではなく、「BETTER美容」。
ちょっと楽に考えた分、キレイになれる。

▼美容の本質は、自分自身を可愛がること。
ひとり遊びを極めて自分の機嫌をとろう。

▼「もうダメだ」と落ち込んだら、自然に触れて回復を。

第3章

コンプレックスを手放し「美人メンタル」を開花させる

美容はセルフエスティームが9割

ここまで、セルフエスティームを高めることは美人メンタルを手に入れることに役立つとお伝えしてきました。

そして美容の本質は、自分を可愛がることであり、身を置く環境を整えればセルフエスティームは高まりやすくなるとも、お伝えしました。

メンタルが美容に作用する理由が、少しずつイメージできたでしょうか。

この章では、**セルフエスティームが低いことによって、キレイになれないだけでなく、人生レベルで損をしてしまう可能性があること**をお伝えします。

たとえば、物事を多方面から考えずに、すぐ「私なんかどうせできない」「無理」などと言う人の場合、その口癖は心の深いところまで届き、やがて人生レベルで影響を及ぼします。物事をなんでもネガティブに捉える姿勢は、人生の選択肢を狭め、それは人間関係にも反映されるからです。

ネガティブな人は、ポジティブな人が周りにいると、自分と違った考えの人間であるため居心地が悪く感じます。自分の意見に同感してくれる人と話すほうが楽なので、自然と同じ思考の人との交流が生まれます。

よく「類は友を呼ぶ」と言いますが、**セルフエスティームが低い人はセルフエスティームが低い人を呼び寄せる**のです。

そのコミュニティのなかで、「できない」と思うことが当たり前だと感じ始めます。その気持ちで、毎日自分に起こることを判断していると、幸せになる道を自分から避けて生きるようになるのです。

これは、大袈裟な話ではありません。

セルフエスティームが低いと、不幸を引き寄せると言っても過言ではありません。

セルフエスティームが低い傾向にある私たち日本人は、その自覚を持って、意識的にセルフエスティームを高めていく必要があります。

「美容を制するにはセルフエスティームを制するべし」です。

もちろん、今すぐできなくても大丈夫。
まずはその練習から始めましょう。
ここからは、そのきっかけになるワークをお伝えします。

キレイになれない呪いを解く方法

ワークの目的は、自分自身にかけた呪いを解くこと。
もし今、理想の自分像があって、その自分になれていないと感じている場合、その理由は何でしょう。もしかしたら、無意識に「できない」と思って変化を拒んでいるのかもしれません。それは、「呪い」と呼ぶのにふさわしいですよね。これは、無意識で行っていることが多いので、このワークを通して探っていきましょう。

その呪いを解くために、自分の心に潜んでいるネガティブなセルフイメージを洗い出し、それをポジティブなセルフイメージに変換していきます。ネガティブに捉えているものは、視点を変えてみることでポジティブに捉えることができる場合があります。そうなれば、セルフエスティームを高めることにつながり、美人メンタルを開花させるのに役立ちます。

まずは、**無意識な状態から意識的な状態に持っていく**ことが重要です。このワークは、自分のネガティブな部分を列挙するので、辛く感じるかもしれません。いや、感じます。もしかしたら、ワークをやりながら泣いてしまうかもしれない。自分の触れてほしくない、封印していた部分ですからね。

でも、これを乗り越えたらもっと生きやすくなることを、私がお約束します。ゆっくりでもいいので、ぜひトライしてみてください。

ワークは3STEPの流れで行っていきます。

まず、紙とペンを用意してください。

そして、**ワークを実施するのは、できればひとりきりのときがベスト。人目を気にせず行うことで雑念を取り払い、自分と向き合うのです。**

ワークは、質問に対する回答を紙に書き出す形式で行います。

書き出しが必要なのは、自分のなかにあるぼんやりしたイメージをより具体化するために、**言葉にすることが効果的**だからです。そうすることで視覚的に脳に訴えて、より理解が深まります。

自分自身にかけた思い込みの呪いフィルターは、あなたがこれまで見聞きしてきた経験と、そこで何を考えてきたかの積み重ねでできています。

この呪いフィルターがどんなものであるか、案外自分自身が一番知りません。フィルターをメガネにたとえると、メガネをいったん外さなければ、自分がどんなメガネをかけているかは見えませんよね。
それと同じことが起こっているのです。

STEP1　潜在意識下にある呪いを探る

最初のSTEPは、自分の内面を探り、過去に人から言われて傷ついた言葉、つまり「呪いの言葉」を思い出すSTEPです。

多くの場合、呪いの言葉は子供の頃の記憶にあります。なぜ子供の頃にあるのかと言うと、先述した通り、子供の頃はまだ自意識が完璧に芽生えていないため、心がノーガードだから。

ガードのない真っさらな心に、容姿にまつわる心ない言葉を投げられると、どうなるでしょうか?

その言葉はダイレクトに心につき刺さります。
それはそれは容赦のない鋭さで。

しかも、幼いがゆえ、傷ついた気持ちを人に相談するなどして外に発散するという知恵もないので、心の傷に対処ができません。

その結果、傷ついた言葉を心の奥にぐっと押し込んでしまって、何年も何十年もそれを引きずったまま過ごしてしまいます。

「心の傷は時間が癒してくれる」とも言いますが、ノーガードの子供時代に受けた心の傷については、大人になっても密かに引きずっていることが多くあるのです。

そして、**セルフエスティームが低い人ほど、そういった呪いの言葉をたくさん内に抱え込んでいる傾向にあります。**

以前、とある講演をした際に皆さんに聞いた「呪いの言葉」には、次のようなものがありました。

「近所のおばさんに『あらこの子、若白髪があるわ。かわいそうね』と言われてショックを受けた」

「学校の通知表に『肥満児』と書かれた」

「ケンカした男の子から『デメキン』と呼ばれて嫌だった」

「出っ歯って言われて傷ついたのを覚えている」

「背が低かったので周りに『チビ、チビ』と言われていた。だから、人になめられると嫌だなあって、ずっと思っていた」


些細なことのようですが、自分では気にも留めていなかった容姿の特徴を誰かに指摘されると「自分は人より劣るんだ」「嫌だな」という感情が生まれて、自分を嫌いになるきっかけをつくってしまうのです。

こうした幼少期の心の傷が、ネガティブなセルフイメージをつくりだし、大人になっても幸せになる道を選べない足かせになっています。

多くの人は、10代の学生の頃、クラス内や同学年のなかでひとりは「あの子には敵《かな》わない」と思う同級生がいたと話します。それは容姿にまつわることであったり、人とのコミュニケーション能力の差であったりします。

その人に敵わないと思ったポイントはさまざまでしょうが、それらは、自分が持っていないものだという面で共通しています。「私もああなりたかった」と羨《うらや》ましく思って、まるで生まれながらに優劣の差があるように感じてしまうほろ苦い経験。

そんな学生時代のことを思い出しながら、次の3つの質問に答えて、用意した紙かこの本の余白に書き出してみてください。

質問1．子供の頃に言われて傷ついた言葉は何ですか？

質問2．「あの子には敵わない」と思った同性はいますか？
もしいたら、それは誰ですか？

質問3．その子に対して「敵わない」と思った理由は何ですか？

さて、あなたはどんな言葉を書きましたか？

書き終えたら、いったん頭をリセットし、書き出した言葉を眺めてみましょう。そして、それが今のネガティブなセルフイメージにつながっていないか、考えてみてください。

10代の頃の出来事とは言え、未だにその言葉を引きずっていることもあります。自覚しているにしろ自覚していないにしろ、**幼い頃に抱いたこうした劣等感は、大人になってもコンプレックスになっていることが多い**です。

コンプレックスとは言うなれば、自分の弱点。そして、私たちは普段、どこかで弱点を守りながら生きています。ケガをした部位を守るように、弱点を守るのは自己防衛本能からくるものですから、誰もがそうなんです。

「こんなことで悩んで、みっともない」なんて思う必要はありません、あなただけではないのですから。これは傷が大きければ大きいほど、思い出すのも辛い作業になりますが、ぜひ勇気を持って、過去の心の傷と向き合ってみてください。

STEP2　コンプレックスと向き合う

次に、**書き出したコンプレックスと向き合う練習**です。
洗い出したコンプレックスにどう対処すればいいかお伝えします。

コンプレックスって実は、口から吐き出すだけで解消されます。
「あれ、何だか簡単すぎるな」と拍子抜けされたでしょうか。
あなどるなかれ、これは非常に効果的で即効性があります。

なぜ、そう断言できるのか？

実は**私自身がこの方法で救われたひとり**だからです。
私は、以前、自分の手が嫌いでした。指が短いことがとてもコンプレックスだった
ので、ある日、母親の前で「私は指が短いから、手がクリームパンみたいでみっとも

ない。こんなんじゃ、好きな人に手をつないでもらえないかもしれない」と言ったことがあります。

それを聞いた母親は、私の手を握り、私の目を見てこう言いました。

「この手を好きと言う人は必ずいるよ。それがCeCeの運命の相手だね」

それを聞いて私は、「あ、この手も悪くないのかもしれない」と思い直して以来、そこまでこの手に対しネガティブな印象を持たなくなったのです。

単純だと思われるかもしれませんが、人の感情はきっかけがあればコロッと180度変われます。

これぞ、セルフエスティームの上書き保存。

ネガティブをポジティブに捉え直せた出来事です。

「自分の手は個性的で良い。悪く思う必要はない」というティアラをかぶせてもらったのです。ありがとう、お母さん。

こんなふうにモヤモヤした劣等感やコンプレックスの塊《かたまり》は、言語化してしまえば、あとは自分のなかから引っ張り出して白日のもとにさらすだけ。そして、まずは「悪くないかもしれない」という目線でコンプレックスを見てみる。

それだけで、まるで氷のようにスーッと溶けてなくなることもあります。
もちろん、簡単にいかないものもあります。
でも、まずは、一度考えを切り替えるということを試してみてほしいのです。
やってみてコンプレックスがなくなったらラッキー、という軽い気持ちで構いません。

解釈を「ネガティブ」から「ポジティブ」に修正する

もうひとつ、講演会での例をお話しします。

来場した方々と、「あなたのコンプレックスを隣にいる人に打ち明けてください」というワークを実施しました。そして、その告白を聞いた人に、どう感じたか話してもらいました。すると、「本人のコンプレックスにはまったく目がいかなかった」と答える人がほとんどでした。

つまり、**自分のコンプレックスは、他者から認識すらされていないことが多い**のです。それが腑に落ちれば、コンプレックスって自分を縛りつけるにはとるに足らないものだと分かり、またひとつ強くなれるので、もっと解説しますね。

顔にできたニキビやシミなど、自分が嫌だなって思っている部分は、本人にはそこだけ拡大して見えているようなものです。鏡を見ると欠点ばかりに目がいってしまうけれど、実際、人と会うときってニキビやシミの一つひとつを確認できるほど至近距離になることは少ないですよね。ですから、**ほとんど見えていない**んです。

人と会って話す距離は、親密な関係であっても平均50センチメートルくらいは離れているものなので、本当によほど大きくなければ相手は気に留めないレベルのものです。仕事の場など社会的な距離であれば1メートル以上は離れているので、さらに欠点は目立たなくなります。

こういった事実に気づかないと、嫌いなところを過剰にカバーして、ファンデーションが厚塗りになり、人と話すときも「自分の顔ではなくニキビを見ているんじゃないか」と感じ、人と話すのが怖くなる人もいます。

厚塗りになったファンデーションはくずれやすいので、キレイな状態をキープするのは難しいですし、くずれたメイクでいろいろな人に会ってマイナスの印象を持たれることこそ、避けたいですよね。

また、顔の輪郭にコンプレックスを持っている人は、ヘアスタイルで輪郭をカバーしたいという心理が働くと思います。前髪やサイドの髪をおろして、極力フェイスラインを出さないヘアスタイルの女性って多くいらっしゃいます。

でも、フェイスラインが全部隠れていると、客観的に見てあまり明るい印象は受けません。少しフェイスラインを出していたほうが顔全体が明るい印象になり、フェイスラインに目がいかなくなります。

また、フェイスラインに限らず、ボディラインもそうです。

「スタイルが悪いのがコンプレックスだから」と言って、ボディラインが全て隠れるようなオーバーサイズの服ばかり着ていると、メリハリがなく垢抜けては見えません。

要するに、**コンプレックスにとらわれすぎると、そこを隠そう隠そうという心理が働いて、人の目には逆効果になってしまう可能性もある**のです。

それを回避するために、**コンプレックスには新しい認識が必要**です。

コンプレックスに対するネガティブなイメージを、ポジティブに変換することで新しく認識し直すのです。

コンプレックスを再定義して取り除くには

コンプレックスを口にするときは、当然ですが、皆さん言葉がネガティブになります。

「私のまぶたは腫れぼったい」とか「たらこ唇が嫌だ」とか「鼻が潰れてる」とか。

でもコンプレックスは、**個性のひとつ**でもあります。

たとえば、こんなふうに考えてみてもいいと思います。

あなたのコンプレックスって、あなただけのものですか？

そのコンプレックスは、お母さんやお父さんやおばあちゃんとそっくりな、あなたならではの特徴ではないですか？

それは、**あなたが唯一無二の存在であることの証**。同時にあなたがあなたである理由でもあり、独自性、キャラクターとも置き換えることができるはず。

また、コンプレックスを愛するために、それに**素敵な名前をつける**のもいいです。

「まぶたが腫れぼったい」は「オリエンタルな顔立ち」とか、「たらこ唇」は「セクシーな唇」など。

唇が厚いのがコンプレックスということに関しては、わざわざヒアルロン酸を注入してふっくらとした唇にしようとする人が多くいらっしゃいますから、ある人にとってはお金をかけてでもなりたい姿です。

似た特徴を持つ人気タレントを探してみてもいいかもしれません。その人が多くの人に愛されていたら、同じ特徴を持つ場合でも受け入れられるケースがあるのを知って、心が軽くなるかもしれません。

こんなふうに見方を変えると、新しい価値観が芽生えます。コンプレックスをポジティブな言葉に言い換えるだけで、「そんなに悪くないかもしれない」とコンプレックスを受け入れやすくなるのです。

では、次の質問です。

【質問】

STEP1で書き出したコンプレックスをあらわすネガティブな言葉を、ポジティブな言葉に言い換えてください。

回答例①

「一重まぶたでいつも寂しそうな顔してるね」

←「ほかの人にはないオリエンタルな雰囲気があるね」

「黒髪ロングの東洋美人を目指して外国人のセレブにモテちゃおうかしら？」

回答例②

「口元のホクロがエロいね」

←「私が私であるしるし」

「あは！　チョコチップついてるの！」

回答例③

「老け顔って言われる」

→

「大人顔って年上の人に信頼されやすいんだって」
「生まれながらの出世顔ってこと？　ラッキー♪」

書き終えたらそのポジティブな言葉を、鏡で自分の顔を見ながら口に出して唱えてください。

その言葉を何度も唱えて、脳に覚えさせるように自分に言い聞かせるのです。

たとえば、回答例①は、自分が「一重まぶたである」ということを他者から指摘されたことをきっかけにコンプレックスになってしまった場合。

一重まぶたは、切れ長の印象がありアジア人にしか出せない、ミステリアスでクールで知的な印象をまといます。これは、パッチリ二重さんには出せない印象です。「寂しそうにしているね」と言われたら、「そんなつもりはないけれど、そう見えるんだ」と、まずは素直に受け止める。そして、別にそう言われたからってあなたが実際に寂しく思う必要はありません。

むしろ、**この指摘をコミュニケーションレベルを一段レベルアップするヒント**にするのです。

「そうか、私は真顔だとそう見えるんだ。別に、特に寂しくないのにな。そう誤解されるのも嫌だから、人と話すときは少し笑顔を多めにしてみよう」という感じです。

自分の特徴を操ることができれば、自分がなりたい印象に近づけることができます。

他人の意見は、ときとしてこんなふうに「ヒント」になるので、実はありがたかったりするのです。

たとえ、それが皮肉や悪口でも、「そのときは、相手にはそう見えたのだ」と**フラットに受け止めて**みましょう。そして、それを克服するたくましさを養えば、相手はもうあなたに皮肉や悪口を言わなくなるでしょう。その人より、レベルアップしちゃったということですから、もう大丈夫です。

回答例②の場合、ホクロの位置を茶化されることもよくあります。きっと言っているほうは、悪気はなく放った言葉。気にしているこっちからしたら一生忘れられないフレーズとなるとも知らずにです。もう悩むのはやめて「やれやれ」という具合で、**自分のチャームポイント**にしましょう。

例にあるのは、実際にとある若手アイドルがテレビのバラエティー番組で自己紹介をするときに、自分のホクロの位置を芸人さんに茶化されたときに出た言葉です。芸人さんもお仕事だからでしょうが、自己紹介するアイドル一人ひとりを茶化して（いじって）いました。私はテレビを見ながら「おいおい、思春期の女の子になんてこと言うのよ。傷つくじゃない、やめてよ（怒）」と思ったのもつかの間……。

「アハ、私、ここにチョコチップあるんですよ～！　お腹が空いたらいつでも食べられるように常備してるんです～フフ♪」とすぐさま切り返すその子。

「なんて秀逸な切り返し！　こういうのも美人メンタルだよなぁ～」と私は感心してしまいました。

このアイドルちゃんみたいに笑って自分の特徴を言えるといいですよね。心の底から気にしていないので、特に自虐的にも見えません。

こんなふうに明るい人は、人をひきつけます。

いきなりこのアイドルちゃんのような対応を目指す必要はありません。まずは、鏡のなかの自分に覚えさせるように言い聞かせるのです。

そして、次にコンプレックスを人に話してみましょう。

まずは、自分を理解してくれる身近な人を選んで、劣等感やコンプレックスについて話を聞いてもらってください。

自分のなかだけに留めておくよりも、人に話したほうがスッと楽になれます。

言語化できたらそれを口にして吐き出すことで、自分のなかからネガティブなセルフイメージをどんどん追い出してください。

できるだけ多くの人に話せば話すほど、コンプレックスに対するネガティブな感情はみるみる薄れていくのが分かるでしょう。

STEP3　キレイになるトリセツをつくる

ワークの最後のSTEPは、自分だけの「キレイのトリセツ」をつくること。

結婚式でよく見かける「花嫁・花婿の取り扱い説明書」をご存じでしょうか。花嫁・花婿の性格を書いた資料や動画を参列者に披露する余興ネタです。その花嫁を自分に置き換えてつくってみましょう。

セルフエスティームは、身を置く環境によって高まるとお伝えしました。そして、その環境づくりは自分でできるともお伝えしました。

自分のトリセツをつくる目的は、自分が心地よくいられる環境はどんな環境かを考えて、自分で自分のお世話をしてあげられるようになることです。

自分は何をすると機嫌が良くなって、何をされると機嫌が悪くなるのか。

自分のことなのに、それらをすぐに説明できる人は意外と少なかったりします。落ち込んだときは何をすれば癒されて、疲れたときはどう休めば元気になるのか。ご機嫌&落ち込むポイントと、それを解消する術《すべ》を知っておくことは、生きるうえで重要です。

今までなんとなくしか自分を可愛がってあげられていなかった人は、本書をきっかけに自分のポイントに気づき、徹底的に可愛がってあげましょう。

次の7つの質問に答えることで、あなたなりのキレイになれるトリセツが浮き彫りになってくるはずです。

回答する際の注意点としては、具体的にできる行動に落とし込んで書くことが重要になります。

「それができればいいけど、でも難しいよなあ」というぼんやりした答えは書かないように意識してくださいね。

では、A4の紙を1枚準備してください。または、真っ白なノート1ページでも構いません。準備できない場合は、この本の空きスペースを利用してもOKです。

次の7つの質問に答えて、キレイになれるトリセツをつくってみましょう。

1. 心から「楽しい！」と感じるときは、何をしているときですか？

2. 自分にとって「究極の癒し」とは何ですか？

3. 誰と会うと元気になれますか？

4. 毎日できる「ちょっと幸せになれること」って何だと思いますか？

5. ストレスを感じたとき、どうすればリフレッシュできると思いますか？

6. あなたの感情がドキドキと高揚することって何ですか？

7. 自宅を最高に癒される場所にするには、どの部屋の何を変えればいいですか？

いかがでしたでしょうか。

いずれの質問も、**自分がどんなときに感情が変化するのか**を聞いています。ひとつずつ回答欄を埋めたら、**大事なのはそれを忘れずに日々の生活に活かす**こと。実行しなければ意味がありません。

ちなみに、小さなことでも習慣化するだけで、環境は変えられます。

「毎日の生活を送るだけで精一杯」なら、**生活の動線にプラスアルファで何かを仕込んでおく**のはいかがでしょうか。

「肌が乾燥してるけど、シートパックするのをいつも忘れちゃう」のなら、シートパックはドレッサーではなくて、洗面台に置いておきましょう。

また、お風呂に入りながらシートパックをすれば、スキンケアの時間は短縮できます。

毎日のバスタイムは、自分を可愛がる時間にうってつけです。アロマの入浴剤ひとつを使うだけでも生活の質は向上します。

人が持つ五感「味覚」「嗅覚《きゅうかく》」「聴覚」「視覚」「触覚」のなかで、嗅覚は脳に直接作用する特徴を持ちますので、アロマの香りを嗅ぐだけで自律神経を整えるのにも役に立ちます。

ラベンダーやゼラニウムなどのリラクゼーション効果のあるアロマの入浴剤を使え

ば、疲れが癒されて入眠がスムーズになります。

小さな変化でも自分に及ぼす良い影響は絶大。キレイになる環境づくりは、そんなにハードルが高いことではありません。入浴剤に少しこだわってみるなどの小さな工夫で、ちゃんと自分を可愛がってあげられます。

知っておきたい「美容整形の基準」とは

もし、どうしても好きになれない自分のコンプレックスがあるとしたら、それぞれの自己責任で美容整形を視野に入れてもいいと思います。

美容整形について肯定派、否定派ともにいると思いますが、私は、美容整形をすることで、もっとワクワク、ハッピーに生きられる自分を確信できるなら、その手段を排除する必要はないと思っています。

私自身も眉と目にはアートメイクをしていますし、美容歯科で前歯も整えました。こめかみには少しヒアルロン酸を入れてふっくらさせていて、ホクロも9個取りました。ホクロを取った理由は、顔のなかの黒い点々がちりばめられた顔から雑音を少なくしたかったからです。でも、右目の下にある、お気に入りのホクロは残しました。**ホクロは視線を誘導するので、目元や口元にあるホクロは、セクシーさが増すアクセントになります。**このようにハッピーになれる塩梅《あんばい》を考えて整形を決めました。

ＹｏｕＴｕｂｅを視聴してくださっている方から、アートメイクや美容整形についてアドバイスを求められることもあるので、その都度、動画でも美容整形についてお話ししています。その際は必ず、美容整形にはリスクも伴うこともセットでお伝えすることを心がけています。

数カ月で効果が薄れる、いわゆる「プチ整形」は、気軽にできて若い世代にも人気がありますが、「流行《はや》っているから」「友達がやっているから」という理由で安易に手を出さないようにしましょう。

美容整形をした後も、その先ずっと同じ状態をキープできるわけではありません。

よく、美容整形外科に「こんな顔になりたい」と、人気のアイドルの顔写真を持っていく人がいると聞きます。憧れの顔になりたい気持ちは分かりますが、誰かに似せていくことが美しさの基準って、ちょっと残念にも感じてしまいます。

あなたは**「美人は平均顔」**という言葉を聞いたことがありますか？

テキサス大学の心理学者ジュディス・ラングロイスとロリ・ログマンが１９９０年に行った実験によると、女性数十人の顔をコンピューターで重ね合わせていくと、目や鼻の大きさ、配置のバランスが平均値で並びます。

その顔は、誰が見ても「美人」と感じる顔になるのです。

私は、ツイッターで、今人気のアイドルグループＴＯＰ10のメンバーの顔を合成した写真を見たことがあります。

確かに、顔立ちが整っていて美人でした。

でも、一方でそれは「特徴がない、つまらない顔だな」とも感じました。見た後で、どんな顔だったか思い出せない「印象に残らない顔」と言ってもいいですね。

「あなたのチャームポイントは？」と聞かれる場面があると思いますが、人の目を引きつける個性的な特徴こそチャームポイントになりますよね。整った顔立ちこそ美人とするならば、個性は欠点とも言えます。しかし、チャームポイントのない顔は印象が薄いため、記憶に残りにくいのです。

自分だけの特徴である個性をなくして、誰かのキレイに寄せて、みんな似たり寄ったりの顔にするのはもったいない気がします。「流行り顔」というのがありますから、今感じているキレイの基準は一過性のものだと思ったほうがいいです。

10年前、20年前に旬《しゅん》だった女優の顔やメイクで、今、改めて見ると時代遅れに感じた経験ってありませんか？

眉の形も、アイメイクも、今のトレンドとはかけ離れていますよね。

美容整形には後戻りできない施術もありますから、人や流行に流されてするものではありません。

年齢を重ねれば誰でも顔のパーツは下へ下がりますし、皮膚も必ずたるんできます。もし美容整形をするならば、自分の顔をよくよく観察して、将来を見据えたうえで判断することが後悔しない美容整形へとつながります。決して、勢いで決めないでくださいね。

一重まぶたのメリットについて

ちなみに、私は一重まぶたなので、周りから「二重にしたら?」とよく言われます。ですが、自分の一重まぶたが気に入っているので、二重まぶたの整形を考えたことはありません。

一重まぶたの人は目が細いことにコンプレックスを持ちやすいため、二重まぶたの整形は美容整形のなかでもポピュラーで、美容整形の入り口になるケースが多いのです。しかし、実は**一重まぶたには、一重まぶたなりのメリット**があります。これは一重まぶたで悩んでいる人にぜひ覚えておいてほしいこと。

一重まぶたの人には必ずある**「蒙古《もうこ》ひだ」**。

これは、目の下の皮膚を引っぱり上げているので、将来、皮膚がたるんでもに目の下にシワができにくいというメリットがあります。

目を大きく見せるため、目頭切開する人は本当に多いわけですが、それはこの「蒙古ひだ」のつっぱりに切れ込みを入れることになります。

そうすると、どうなるか。

若いうちは皮膚にハリがあるので状態を保てますが、加齢とともに支えるものがなくなって、必ずたるみます。たるみが気になり出した次は、そのたるみを除去する美容整形がしたくなるかもしれません。

このように美容整形のメリットだけでなく、デメリットにも目を向けてほしいと私は常々思っています。

美容整形を考えるなら、今だけでなく未来の自分の顔も想像すること。

今の悩みにとらわれすぎず、衰えていくことに「ああ、嫌だ」「歳をとりたくない」と悲観しすぎず、未来のキレイを想像することも、ぜひセットで考えてみてください。

「これから私、どんな顔になっていくんだろう?」って想像することも、美容の楽しみのひとつです。

世界基準の美意識を持つために必要なこと

私は20歳のときに、ひとりで世界20カ国を回る旅をしました。

訪れた国は南アフリカやエジプト、チリ、タヒチなど。ヨーロッパはもちろん、あまり知名度がない国までたくさん訪れました。チリ、タヒチなど。そこで、あらゆる国の文化を見てきたのですが、国によって美しさの基準や定義はさまざまでした。

たとえばパリでは、70歳でもハイヒールを履いて颯爽《さっそう》と歩く女性がたくさんいます。フランスには、加齢をネガティブに捉えず「女性は何歳になっても美しい」という価値観があるので、日本のように弱冠30代で「もう、おばさんだから」と口にする人はまずいません。

むしろ、成熟した女性ほどエレガントで深い知性を持っているとされているので、

いくつになっても年齢に臆することなくおしゃれも恋愛も、積極的に楽しむ風潮があります。

フランスでは、子供の出生率は女性ひとりあたり約1・9人で、日本の約1・4人より高い数字なのですが、女性の就業率は約8割で、日本の約7割という数を上回っています。

つまり、家庭を持っても子供が生まれても仕事を持つ女性が多いということ。これには、子育てしながら働きやすい社会制度が整っている背景もありますが、フランス人女性の自立心の強さも影響していると私は考えます。

フランスの女性は、性格もかなり強気です。生まれながらにお姫様気質を備えている人が非常に多い印象があります。日本の女性の「控えめに」の文化とはかけ離れたところにあるのがフランスの女性と言ってもいいかもしれません。

フランス人の女性は、おしゃれをするのもメイクをするのも、基本は自分のため。

日本で良いイメージのある「家庭的」「気が利く」という、いわゆる「女子力」というような感覚はありません。

こういったフランスの女性の気質には、過去に戦争を繰り返してきたヨーロッパの歴史が絡んでいるのでしょう。「パンがなければお菓子を食べればいいじゃない」で知られる王妃マリー・アントワネットや、女性ながら戦争に自ら身を投じて英雄になった少女ジャンヌ・ダルクはフランスの歴史を語るうえで欠かせない人物。フランス人は、他者にこびない性格なのです。

日本では共感性が薄い女性像だと思いますが、彼女たちには彼女たちなりの美しさや美学があります。

「神秘的」が海外でウケる本当の理由

一方で、私が訪れたことのあるインドでは、また違ったキレイの基準があります。**インドの美人の条件は、大きな目と長い髪と豊満なボディライン。**パリコレには欧米人のモデルが多く、長身でスラリとした体型をよく見かけますが、インドで美しいとされるのは痩せ型より、ボンキュッボンと肉づきのいい体型が多いです。

ヘアスタイルも、インドではショートカットの女性はほとんど見かけません。

これは、長い髪には霊力が宿るとされているからで、スピリチュアリティが高い国民性が女性の美しさの基準にも投影されていると言えます。

こういった国別のキレイの基準を知っていれば、その国で受け入れられやすい見た目の傾向が分かってきます。

ひとり旅で世界を回った経験が、こんまりさんの世界進出に役立ちました。アメリカでメディア露出するにあたって、彼女の外見をどうプロデュースしようか私は考えたのです。

「可愛い文化」が台頭している日本では、こんまりさんは「可愛い」印象が強かったと思います。『人生がときめく片付けの魔法』という本のタイトルからも、「家事を得意とする家庭的な女性」というイメージがあったのではないでしょうか。

ファッションもコンサバで、日本で言う「守ってあげたいタイプ」とか「お嫁さんにしたいタイプ」をイメージしてヘアメイクをしていました。

でも、アメリカのキレイの基準を考えると、「可愛い」タイプの女性は受け入れられにくいという背景があります。

アメリカ、特にニューヨークの美しさの基準は、女性であってもかっこいい、自立していて、知的で、セクシーというもの。これは、可愛いとは対極にあるイメージですよね。

ですから、コンサバファッションはやめにして、**「神秘的な女性」**というイメージに切り替えて、服もメイクも全面的に変えることにしました。

当時、妊娠中だったこんまりさんの体型に合わせてドレスを選ぶことで、東洋人の美しさが際立つ「女神」のような印象にしたほうが、ニューヨークの人々の興味を引きつけ、彼女の魅力が伝わると考えたからです。

日本人としての強みと誇り

ちょうどその頃、日本は東日本大震災が発生した後で、ニューヨークのメディアでも頻繁に日本の報道がされていました。

テレビでは、被災地できちんと列をつくって配給を待つ日本人のマナーの良さなどが取り上げられていました。

ニューヨークはさまざまな国から人が集まっている多国籍な州ですが、マナーをわきまえている人がほとんどなので協調性という概念はあります。しかし、それが日本のように明確に意識されてはいません。

日本人のように、自分が非常事態のときでも周りと協力して、苦境を乗り越える、「困ったときはお互い様」と笑い合い、握手し、その気持ちを「絆」と呼び大切にしている様子は、多くのニューヨーカーに不思議に映ったようです。そして、やがて尊敬されるようになりました。

「どうして自分が大変なときに人を敬えるんだ⁉」

「もしかして、日本人は、心を整えるエキスパートなんじゃないか？　いったい、どんな教育を受けているんだ？」


みんな日本人に興味津々だったのです。

これは大袈裟に言っているのではなく、本当に「日本人って何だ？」「日本人は素晴らしい！」という空気に満ちていて、私も息子と一緒に公園に行ったときに、そこにいた人とよく立ち話になり「日本人です」と答えると「わぁ！　ジャパニーズなのね〜‼」と喜ばれ、お家に招待していただいたり、お仕事を紹介していただいたこともありました。


きっと日本人ということで、信頼を得られていたのでしょう。

そんな背景もあり、神秘的な演出をしたこんまりさんは、どんどん周りの注目を集めていきました。

こんなふうに、文化の違いにより何を美しいと思うかはさまざま。ひとたびに日本を離れると美意識の視野が広がり新しい自分の魅力に気づけるかもしれません。

あらゆる価値観に触れて感性を磨く

帰国してすぐの頃、街ゆく日本の女性たちを見て、「みんな同じようなメイクをして、同じようなファッションをしているな」と少し違和感を覚えたことがあります。

というのも、多くの人は知らないかもしれませんが、メイクやファッションの流行は、あらかじめ決められているものなのです。

「今年のSS（Spring,Summer）はこれ！」「AW（Autumn,Winter）はこれ！」というふうにトレンドはあらかじめ決められていて、突然人気になったから流行る、というものはあまりないのです。

これは、特にファッション業界に強く見られる傾向ですが、今や多くの企業がODM（商品開発、設計、製造までを委託し、委託者は販売のみを行う方式）により服の生産をしています。そのときの流行に沿って、各ブランドが横並びの似たような服を企画し、大量生産するようになりました。

その結果、デパートや商業施設には、ブランドは違っても似たような形の服が並んでいます。**企業側から提示される価値観を、そのまま身にまとって歩いている人が多い**ため、日本に帰国した私はそう感じたのです。

自己主張が苦手な日本人は特に、「個性を主張する」「人と違ったことをする」ことに慣れていません。ですから、右を見ても左を見ても、ファッション誌からそのまま抜け出したような印象を受ける女性が多いのです。でも、ファッションもメイクも、「型にはまった」ものでは、あまりに面白みがないと思いませんか？

あなたなりの個性を活かせば、十人十色のキレイとなります。

個性を活かすことがその人を一番輝かせ、本人にとっても、もっとも楽しめるものになると私は思います。ですから、企業が提示するがままを身につけるのではなく、そこに自分なりのスパイスを加えるようにして少し工夫してみるのはいかがでしょうか。

人と違う個性を活かした、自分なりのおしゃれを楽しむことが、感性を磨くことに結びつきます。

型にはまったキレイの基準を持ってしまうのは、そのまま視野の狭さを意味します。そして、多種多様な美しさを知れば、その数に比例して、自分のなかにそれだけ美意識の価値観は増えていきます。**キレイの引き出しをたくさん持つことは、「型にはまった」キレイの基準から抜け出すのに役立ちます。**

そして、いろいろな価値観に触れることは、自分のみならず他人の魅力に気づける目を養うことにもつながります。

それには、SNSで世界各国のセレブをフォローしてみるとか、日本以外のファッション誌を読んでみるなどして、日本以外の情報にも目を向けてみてください。そこには、きっと新たな発見があります。

第3章のまとめ

▼セルフエスティームが低いと不幸を引き寄せる。
一度真剣に自分と向き合おう。

▼キレイになれない呪いを解くＳＴＥＰ３のワークを必ずやる。

▼自分のなかのコンプレックスを再定義し、手放す。

▼あらゆる世界基準の美意識を楽しみながら学ぶ。

▼自分の可愛がり方は、五感を重視すると効果的。

▼日本以外の常識を知り、自分に還元してみよう。

第4章

誰もが美しくなれる「メイクの法則」

好印象を与える顔をメイクでつくるには

人生には「絶対に失敗したくない！」と思うシーンがいくつかあります。たとえば、面接試験や合コン、大好きなパートナーの家族に会う場面などなど。そんなときは、少しでも自分に良い印象を持ってもらいたいと思うもの。日常のコミュニケーションの多くをメールやＬＩＮＥや電話ですませられる今だからこそ、**リアルでひと目会うことの重要度**が増しています。

この初対面のときに好印象を得ることができれば、その後のコミュニケーションがスムーズに運ぶことってありますよね。好印象を得ると、相手の警戒心がなくなって心が開きやすい状態となり、会話がポンポン弾んでいく。そんな経験をしたことがある人も多いはずです。

この「好印象を感じさせる」というのは、実はそんなに難しくありません。

好印象こそ、メイクで簡単に叶えられます。人が好印象を感じる顔って決まっているのです。これをマスターすれば、人に与える印象を操作できますよ。

人に好印象を与える顔、それは「愛情を感じる顔」です。

あなたは好きな人を目の前にするとどんな顔になりますか？ 好きなアイドル、ミュージシャン、役者さんでもいいです。今、まさに目の前にその人が立っていて自分を見つめているとすると、どんな顔になるでしょう？

おそらく「わ！ どうしよう、どうしよう！ 今、○○（その人の名前）が目の前にいる、隣にいる！」とプチパニックになって、頬がカア〜ッと熱くなって耳まで赤くなり、胸はドキドキ高鳴って、瞳はうるうると潤んでくるはずです。

こんなふうに気持ちがドキドキと高ぶったときにあらわれる表情。それが「愛情を感じる顔」です。

あなたが逆の立場だとしたら、自分にそんな表情を見せてくれる人と出会ったらうれしいですよね。邪険にはできないと感じるはず。

その顔を、メイクでつくればいいのです。大丈夫、意外と簡単です。

メイクをする本当の意味を理解する

ファッション雑誌や美容雑誌のメイクページによく出てくる**「血色感」**という言葉。あなたも一度は見たことがあるのではないでしょうか。

これは、端的に言えば「血液の色」のことです。血が通っていない人間はいません。だから気持ちが高揚したときに顔に血液が集まって赤くなるのです。それをメイクで表現するために、赤やオレンジ系のチークをのせて、頬が紅潮しているのを再現します。

次に唇。私のメイクアドバイスでもよく話すのですが、**唇はむき出しになった内臓であり、性器**とも言えます。だから、興奮すると血流がよくなって膨張します。

それを、メイクで再現する場合、使用するのは口紅やグロス、唇が薄い人はリップライナーを使うといいでしょう。

素の唇の状態から、膨張したように見せるためリップライナーで本来の唇より少し大きめにリップラインを描きます。その上から、口紅やグロスを塗ると強調されて、華やかで少し「性」を意識させる魅力的な印象になります。

カラーコンタクトをするのも、そう。**興奮すると、瞳の瞳孔が開いて黒目が大きく見えるので、その状態を再現する**ためにカラコンを使用します。

こんなふうにメイクで先回りして「愛情を感じる顔」を描くことができます。好印象を与えたいと思うシーンのメイクは、こんなふうに誰かにときめいている顔、高揚感を感じている顔をイメージして行ってみてください。

もし、あなたがメイクに自信がなかったり、苦手意識がある場合。メイクが上手になるコツをお伝えします。

それは、一つひとつの工程を丁寧に行い、それには**どんな意味があるかをきちんと理解しながらメイクする**ことです。やみくもに行わず、完成形と自分がいるシーンをより具体的にイメージして行うと、ズレがないです。

「今、チークをのせてるけど、これって、なぜするんだっけ？」

「そうか、血色をよく見せるため。だったら今日はいつもより顔色が悪いから、いつも使っているチークより赤が強い、こっちの色のチークにしてみよう」

そんなふうに、それぞれのアイテムの意味を理解しながらメイクすれば、誰でもメイク上手になれます。

美容は時代の社会性や価値観を反映する

ちなみに、信じられないかもしれませんが、無表情ののっぺらぼうに近づけるため、わざわざメイクをしていた時代があります。それは平安時代のこと。

平安時代の絵画を見れば、当時の「美人」がどんな風貌だったか分かります。

絵画のなかの女性は血の気のない真っ白な肌で、眉の色は薄いグレー。形も太い点のような、いわゆる**「マロ」の眉**です。

今のトレンドとはかけ離れたメイクなので想像できないかもしれませんが、本当に当時の女性はこのようなメイクを施していました。

つまり、それが**時代に合った美人の価値観**というわけです。


ではいったい、なぜこのメイクが良いとされていたのか。

当時の貴族社会においては身分制度が明確に定められており、反抗心を持つのが悪とされていたからです。だから、もっとも感情があらわれる眉をあえて消すことで従順さをアピールしていたと言われています。

眉毛は**皺眉筋**《しゅうびきん》という目の周りの筋肉の上に生えているため、しかめっ面したり、驚いたりすると大きく動きます。そして、動いたことが分かりやすいパーツです。

そこで、**本来の位置より高い額に偽物の眉を描くことで、感情を読み取られないようにしていた**というわけです。


こんなことをしないといけないなんて、想像するだけで、とっても生きにくそうな社会……。

メイクは、このように**その時代の社会性や価値観を強く反映する**側面があります。歴史の教科書などを見る機会があれば、昔の装いやメイクに着目すると、当時の人の思惑が読み取れて面白いかもしれません。

今は、世は「令和」。平安時代とは違って、身分制度もないのでメイクで眉の位置をごまかさなくても誰にも怒られません。もっともっと自由に自分を表現できる時代となりました。あなたは、その「自由」を謳歌していますか？

心が動く瞬間の表情を覚えて活用する

令和を生きる人には、令和を生きる人なりの苦労があります。

それは「やることが多すぎる」「忙しすぎる」ということ。

ひとりの人間が、仕事や家事、子育てを行うなんて、スーパーマン並みの労働力です。さらに、日本人特有の「失敗できない」という真面目な性格も相まって、やらなければならないことに忙殺され、タスクをこなすような日々になってしまう。自由に生きるのが許されているのに、自由を楽しんでいる「暇」や「心の余裕」がない。仕方ないことかもしれないけれど、ちょっと寂しく感じます。

私は、いろいろなことに興味を持ち、**見て感じ、聞いて感じ、触れて感じることを繰り返せば内面が豊かになり、表情が豊かになり、それがその人に顔立ちとして定着する**と思っています。忙しい毎日でも、好奇心を持ち、**心を耕すことを忘れずにいてほしい**のです。

ほんのちょっとしたことでいいのです。時間があるときでいいから、今まで読んでみたことのないジャンルの本や映画や音楽の概要を調べてみるとか、食べたことのないアイスクリームにチャレンジしてみるとかでも、構いません(笑)。日常にほんの少しの「好奇心」をプラスして、心をいつも動かしていてほしいのです。

心のコンディションが最高潮に高まっているとき、心からの笑顔で雰囲気もキラキラと輝き出す。

そして、そんなメイクをすると、本人のメンタルに影響して、その人の心に本当のときめきが訪れます。

外側を変えれば中身が追いついてくる。これが美容の面白さだと言えます。

赤色の使い方をマスターするには

あなたは、「赤色」のリップはお持ちでしょうか？

メイクレッスンでいろいろな方々に話を聞くと意外にも、「赤いリップには抵抗がある」という声をよく耳にします。赤のリップに「ケバケバしい」とか「色っぽさが前面にくる」というイメージを持っているようです。

赤はどこか強いイメージを感じますよね。だから、難しく感じてしまうのは分かります。しかし、「赤」という色を抜きにして、メイクは語れません。

赤は血液の色であり、生命の色です。そして、**こんなにも女っぷりを上げるにふさ**

わしい色はありません。そんな赤を「自分には似合わない」と思い込んでいる人は、非常にもったいないことをしています。

結論から言ってしまうと、赤が似合わない方は誰ひとりとしていません。あなたももちろん似合います。

赤と言うと、まずバラのような真紅が頭に浮かぶと思いますが、ひと口に赤と言ってもさまざまな色合いがありますよね。

紫みを帯びたワインレッドであったり、オレンジを混ぜたコーラル系であったり、みずみずしいチェリーレッドであったり。自分の肌色がブルーベースか、イエローベースかによって似合う色味は変わってきますが、あなたにしっくりくる赤は必ずあります。

言葉でイメージが湧かなければ、グーグルで「赤」と入力して、画像検索してみてください。そこに表示されるのは、赤は赤でもいろいろな色合いの赤が確認できるはずです。

また、質感もさまざま。マットな赤もあれば、ツヤっぽい赤もあるし、透明感がある赤もある。いろいろ試してみて、そのなかから自分に似合う赤いリップをぜひ、1本持ってほしいと思います。

私は赤い色が大好きで、赤い色には人生を変えるほどのパワーがあると思っています。赤は、活力の色でありチャレンジ精神を掻き立てる情熱の色。人は元気がないときは、おのずと、赤のような強い色を身にまとえない心理状態になるほど。**赤は「勝負の色」**とも言われるように、エネルギーに満ちた色なので、元気でないと選べない色なのです。

視線の誘導先から逆算して差し色に使う

コスメに限らず、普段の服や小物の色としても、赤を取り入れるのはおすすめです。今、自分の身の回りにある持ち物を見渡してみてください。パッと目に飛び込んでくるような強い色はあるでしょうか?

モノトーンなどのいわゆる「無難な色」や薄い色ばかりで溢れていたら、それはもしかしたら、今のあなたのエネルギーが低下しているか、チャレンジよりも現状を維持したいと思う気持ちのあらわれかもしれません。

そういった色を意識的に好きな色としてこだわりを持って選んでいるなら問題はないのですが、**なんとなく手にしているのだとしたら、一度自分の気持ちを確認してみてください。**こんなところにも、**自分の今の状態を知るヒント**があります。

特に、久しく自分の名前で呼ばれていなくて「お母さん」など役割で呼ばれるのに慣れている人は、「挑発的でセクシーな色」ともとれる赤を「色っぽすぎる」と敬遠しがちです。

でも、色っぽさに年齢制限などなく、いくつになっても色っぽくていいのですから、あなたがどんな立場でも、どんな役割でも、赤を諦める必要はありません。

リップで取り入れるのが難しく感じたら、チークでもアイシャドウでもいいと思います。どこかに赤を差し色に使うテクニックをぜひ、マスターしてほしいのです。

赤はインパクトがある色なので、メイクで使う場合テクニックが必要ですが、コツを覚えれば難しくはありません。

唇や目尻など強調したいパーツにワンポイントとして、差し色のように使えばいいだけです。強い色なので、人の視線を誘導する特徴があります。顔のなかに赤が散りばめられていたら、うるさく見えて失敗しやすい。それを避ければいいだけです。

具体的に説明すると、私はホクロを美容整形で9個取ったとお伝えしましたが、ホクロは黒っぽく、黒は色のなかでも特に強い色。顔のなかに黒いホクロが点在していると、視線がばらけて、パステルカラーのような淡いアイシャドウや、パーツにポイントを置いたメイクが映えにくくなります。

顔のなかで強い色を使う場合は、こんなふうに足し算や引き算によって、どこに視線を誘導したいか考えればいいのです。

強い色を使うメイクのコツ

OK!

強い色は視線を誘導するので
強調したいパーツに使うとGood!

メリハリのあるナチュラルな
仕上がりに。

NG

顔の中に強い色がたくさん
点在するとケバい印象に。
コンシーラーを使って不要な
ホクロは目立たなくするのも手。

赤はワンポイントで取り入れよう。

赤の威力を知った「決戦の金曜日」

なぜ私がここまで「赤」にこだわるのか、それには、理由があります。

ここで、少し苦い思い出なのですが、「赤」にまつわる私のエピソードをお話ししたいと思います。あまり良い話ではないのですが（苦笑）、**赤の持つ強烈さ、パワフルさ**を共有できたらうれしいです。

22歳の頃（第2章でお伝えした元婚約者に出会う前の出来事です）、遠距離恋愛をしていた彼がいました。彼は、私のひとつ上でスマートで正直なところが好きでした。

そんな彼が仕事の休みを1週間取ったので、一緒にベトナム旅行へ行くことになりました。とっても楽しみにしていた出発当日の朝6時に、突然彼が私の家にやってきたのです。

「あれー？　待ち合わせの時間には早いけど、まぁいっか」と彼を迎え入れると、神妙な顔をしてこう言ったのです。「俺、好きな人ができた……」と。

サプライズ好きな彼だったので、何かの振りだと思い、全然本気にせずに「えー！ はいはい。かーらーの～？」と次の展開を盛り上げようとしたら……「でも、ふたりとも、どっちも好きなんだよ……」と頭を抱え出しました。

そこで分かった、これはマジのやつだと。

「なにも旅行当日に話さなくてもいいじゃない！」と思いながらも、話を聞くことに。でも彼は「彼女と、ＣｅＣｅとどっちも好き。どっちも大切に思っている」ということしか言いません。彼の性格からすると、本当にそう思っていたのでしょう。このときは、彼のピュアな性格を呪いましたよ。そんなこと言われて、傷つかない女性はいませんよね。

昨日まで「愛しているよ」と私に言っていた彼がいったい何を言っているのか理解できなくて、人の気持ちは「ハイッ！　分かりました」ってすぐに変えられるものではないから、別れるにもきっかけがほしくて、ベトナム旅行を中止し、私は彼と一緒に浮気相手がいる神戸へ行き、話し合いの場を設けて、シロクロはっきりつけようと思いました。

忘れもしない、その約束の日は金曜日……。

まさに「決戦は金曜日」という心境で神戸に降り立った私の目の前にあらわれたのは、驚くべきことに、私の友人でした（こんなことあります⁉ 泣）。

なんと彼女は、私の彼と知っていて彼と関係を持っていたのです。

自分の目を疑いましたが、確かに私の友人。言いようのないショックを受けたのですが、それ以上に私を苦しめたことがありました。それは、彼女が全身赤い服に身を包んでその場に来ていたことです。

私が来ることを知っていた彼女は、この決戦に勝つために、華やかな装いで準備してきたのだとすぐに察しました。

一方、私はこれからベトナムに行こうとしていたわけですから、6、7時間の長い長いフライトを過ごすためにオシャレとはほど遠い恰好をしていました。簡単なメイクだけで髪はひとつ結びでリュックサックを背負い、ダボダボのズボンをはいているという出で立ち。

赤いワンピースに赤いコートの戦闘態勢であらわれた彼女を見て、わざわざ神戸まで足を運んできたというのに、私の心はポキッと折れてしまいました。

話し合いもそこそこに彼が帰り道に付き添ってくれたものの、私の口から彼に向けてこぼれたのはこんなセリフでした。

「もういいよ、彼女のところに行って。私ひとりで帰るから」

まったく私らしくないのですが、自分から負けを認めてしまったのです。

その、帰りの新幹線でのみじめさと言ったら……。今となってはと言うか、生涯忘れられません。こんな、身をもって赤の威力を知った過去があるので、**赤のパワーは絶大だ**と確信を持って証明できます。**何かに挑む気持ちと赤がセットになったとき、女性は強烈な輝きを放つのだ**と思い知りましたよ……。

これはほろ苦い経験ですが、「あなたもここぞという勝負の日は、赤を身につけ、色の持つパワーを借りるのもいいと思います。

美容が自己実現を後押しする科学的な根拠

ちょっと話が脱線したので、もとに戻りましょう。

これまで1万5000人ほどの方々にメイクのアドバイスをしてきて見えた、私なりの真実があります。

それこそが**「美容は自己実現をバックアップする」**というリアルです。

自己実現という言葉が難しいようであれば、「目標達成」や「夢を叶えること」と置き換えてみると分かりやすいかもしれません。

自己実現とは、アメリカの心理学者アブラハム・ハロルド・マズローが1954年

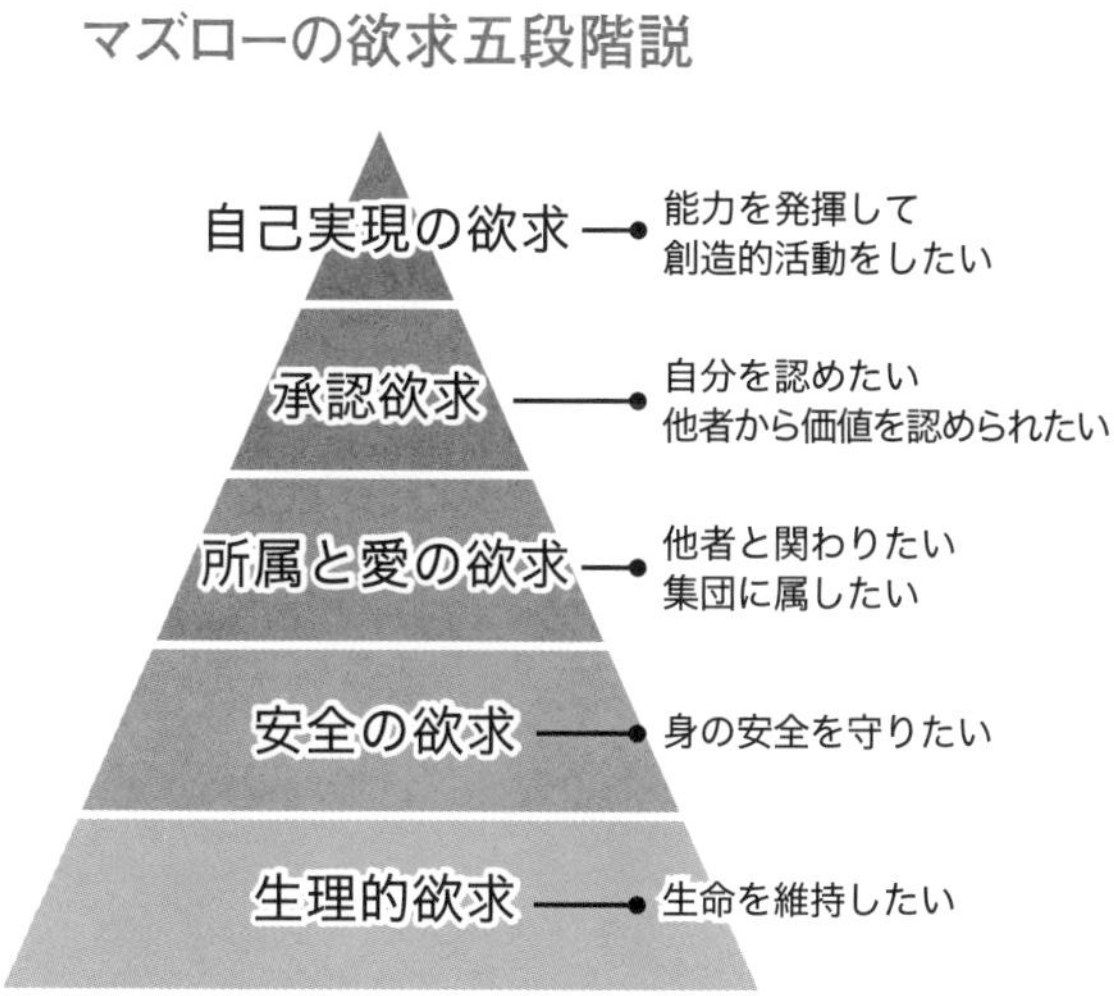

に発表した『人間性の心理学』の第4章「人間の動機付けに関する理論」のなかで述べられている**「人間の5大欲求」**の最上位にくるものです。

この論文は、誰もが持つ根本的な欲求について追求していて、人は自己実現によって心の豊かさや精神的な幸福を持ってこそ幸せに生きられる、と説いています。

論文では、人の欲求は自己実現を頂点とするピラミッド型をなしており、一番下は**「生理的欲求」**、2段階目は**「安全の欲求」**、3段階目は**「所属と愛の欲求」**、4段階目は**「承認欲求」**と上がっていき、最終的にたどりつくのが頂点の**「自己実現の欲求」**

になります。

マズローは自己実現者を、自らが持つ潜在能力を最大限に開花させた人と定義づけていて、また、それを**「理想的な人間実現」**とも言いあらわしています。

ではいったいなぜ美容と自己実現が密接に関わっているのか？

その疑問について解説していきます。

自己実現、つまり「目標達成をしよう」「夢を叶えよう」と実際の行動を起こすためには、４段階目の「承認欲求」を満たしている必要があります。

この「承認欲求」とは、言い換えれば「自他ともに認められる存在でありたいという願望」であり、もっと簡単に表現すると「自分は価値がある存在だ」という「セルフエスティーム（自己肯定感）」を高めたいということになります。

この本でお伝えしている通り、美容は「セルフエスティーム」を高める行為です。

つまり、**美容を味方につけることができれば「セルフエスティーム」は自然と高まり、承認欲求が満たされた状態になり、あなたは「自分の能力を発揮して創造的な活動を**

したい」と実際に行動に移し始めるのです。

目標達成に向けて努力している人、自分の夢を叶えようとがんばっている人、自分の才能を発揮して自分の思い通りに生きている人……、そうした人たちはさらに内面から輝きを放ち、美しく見えるもの。

また、人は、会って6秒ぐらいで第一印象が決まるとも言われています（アメリカの心理学者アルバート・メラビアンの「メラビアンの法則」）。

パッと見て、感性が合いそうな人と感性が合わなそうな人って何となく判断できるものですよね。

つまり、どんなに知識を蓄えても、それを披露できる人間関係にたどり着くまでが難しく、最初の6秒を突破するには、見た目で好印象を勝ち取る必要があるのです。

「本当はこんなことをやってみたい」「こんな自分が理想だな」と思うことはありますよね。でも、実際に行動に移すのは勇気がいるもの。そんなときに、メイクや美容はあなたを強力にサポートするお守りになってくれるというわけです。

思うだけでは当然、夢は叶いません。

これからは、「思う」だけにとどめず、自分の心の声にしたがって、なりたい自分を叶えるためのアクションを、毎日のメイクから始めてみてください。


セルフエスティームが高まると、不思議とこれまでの毎日と違う選択や行動をとるようになります。

「コスメの取り扱い」は「自分の取り扱い」

メイクレッスンやセミナーで、「あなたの化粧ポーチを人に見せられますか?」と聞くと、ほとんどの方は「ちょっと……見せられない」と口ごもります。大抵の方は、「少し汚れてるから……」と言って尻込みされます。でも、これは悪いことではありません。化粧ポーチを見せられないのは、私は当然だと思います。

誰でも化粧ポーチに秘め事を持っているものだからです。

たとえば、ピルであったり、自分をケアする薬であったり、コンドームであったり、人に見せるのを躊躇《ちゅうちょ》するものが入っている場合があります。

化粧ポーチを日々人に見せる前提で使っている人なんていませんから、自分自身の内面がそのまま出ているとも言えます。

実は、セルフエスティームの低さは、化粧ポーチにもあらわれます。

セルフエスティームが低い人は、化粧ポーチのなかが汚れ気味で雑然としていることが多いのです。ブラシやパフが汚れていたり、鏡に手垢がついていたり、割れている人もいます。

これを聞いて、ドキッとしませんでしたか？　今のあなたの化粧ポーチの状態はどうなっているでしょう。

自分をケアするコスメや道具が汚れているのは、少し問題です。自分をキレイにする環境が整っていないからです。私は、自分をキレイにしてくれるコスメの取り扱いはそのまま、自分自身の取り扱いが反映されていると思っています。

化粧ポーチのなかを見てみて、ビューラーやアイシャドウなどはポーチの仕切りに収まっているでしょうか？

化粧ポーチにはほとんどの場合、仕切りがありますが、この仕切りはお部屋でたとえると、間取りのようなものです。

リビングにバスタブがあると不自然に感じるし、何より不便ですよね。化粧ポーチにも同じことが言えると思っています。

アイシャドウが入ることを想定してつくられたポケットにリップが入っていると大きさが合っていないのでポケットの外に飛び出して、他のアイテムとこすれ合い、消耗を早めることになります。

化粧ポーチは、使いやすさを考えてデザインされているので、それぞれ収めるべき場所に収まっていたほうが快適にメイクができます。

また、割れやすいパウダーやガラスつきのパレットは、アイテム同士がポーチのなかでぶつかって破損しないように**ケースや布で1枚覆うなどして保護したほうが長持**

ちするので、やってみてください。

「美は細部に宿る」感性を養うために

化粧ポーチについて触れましたが、メイクブラシやアイライナーペンシルなどの**ペンシル系コスメの「先端」が、雑な扱いになっていないか**もチェックポイント。案外多いのが、ブラシを直接ポーチに入れていて、筆先がキャップやフィルムなどでカバーされていないケースです。

ブラシが露出していると、先が割れたり毛質が傷んでしまったりして使い心地やメイクの仕上がりに影響しますので、カバーで先端を保護するようにしてください。アイライナーペンシルの先端は、整っていないと狙ったところにラインが描けなくてメイクのクオリティが一気に下がります。

これら先端を雑に扱うことを**「先端問題」**と私は呼んでいます。コスメに限らないのですが、女性用のアイテムって華奢《きゃしゃ》なつくりで先端が尖っているものが多いですよね。ハイヒールのつま先もそう、ピンヒールのかかともそう、傘の先端も細くて尖っているものがあります。こういった先端の取り扱いに、その人の感性があらわれると私は思っています。

これは長年、人間観察するなかで気づいたのですが、日頃から動作が雑な人は、先端が必ずほころびています。逆に、日頃から所作や動作がエレガントで美しい人は、先端の取り扱いにも注意を払っているのでキレイに維持されていることが多いです。

「美は細部に宿る」という言葉がありますが、こういった小さなことにも気づく感性を養えば、それだけ、自分自身の細かな変化に気づくことができます。そして、自分も、持ち物も乱れないように丁寧に扱ってあげられるようになります。アイテムの状態やツールの形状ひとつとっても、それはセルフエスティームを高める環境づくりということです。

ちなみに、私がおすすめする化粧ポーチは**バニティ型**です。型崩れしにくく間取りがキレイに仕切られていますので、一番使いやすい形だと思います。

美容アイテムの見直しで常に自分をアップデート

あなたは、メイクをするとき、どんな状況で行っていますか?

「朝は時間がないから!」とパパッと適当にすましている人も多いと思います。忙しい現代人、そんなときがあってもいいです。

忙しくしているのは、人生が順調な証拠とも言えるので、気持ちが元気なうちは、特に問題ないと思っています。

見直してほしいタイミングは、ちょっと元気がなくなったとき。

そんなときでも現実は待ってくれません。

「なんか、がんばれそうにないなー」と思ったら、そこで朝のメイクの工程を見直すと、自分に自信を取り戻せるきっかけになります。

まず、**使う鏡は、手鏡よりも置き型の鏡**がベストです。

手鏡は、片手で持てる大きさのため、小さなものが多いです。なかには、鏡に顔が全部映らないものもあります。限られた範囲しか確認できない状態でメイクすると、見落とす部分が発生してしまいます。

また、手鏡を持つと自由に使えるのは片手のみなので、メイクに時間がかかります。置き型の鏡を使えば、両手でメイクができます。

35歳を過ぎると、目や皮膚など顔のパーツが下に下がりますので、片手で皮膚を持ち上げながらメイクしたほうが断然キレイに仕上がります。それには、両手が使えることがマスト。美しく仕上がった自分を見て自信を取り戻してほしいので、鏡にはこだわってほしいです。

メイクをするときは、机の上に布を敷いて、使うアイテムをその上に並べてみましょう。化粧ポーチは小さいので、ぱっと見だけでは何がどこに入っているか分からないですよね。

常に忙しくしている人は、時間を使って化粧ポーチのなかからコスメを取り出して、状態を確認することもないと思います。

それでは、知らないうちに消耗したコスメがあり、使いたいものが使いたいときにない！　ということになりがち。

しかも、コスメって同時期にいろいろなものが使い終わる、なんてことがよくありませんか？

それは、同時期に同じものを購入して一斉に使い始めるので、消耗するペースも同じだからです。これに気づかず、「あれ、ファンデーションがない！　マスカラもない！　アイペンシルもかすかすで描けない……これじゃあメイクできない（泣）」ってことになってしまうかも。


1カ月に一度は、使用しているコスメを確認して、状態を確認しましょう。


私は、コスメとは、自分に魔法をかけてくれる「妖精ちゃん」だと思っています。雑に扱わずに愛《め》でながら丁寧に扱ってくださいね。

忙しい日々を過ごしていると、家のなかに美容アイテムが溢れていたり乱雑に置かれていたりしやすいです。

「ドレッサーってなかなか片づかないのよね。どうすればいい？」と相談されることも多いのですが、家に美容アイテムが増えるのは、今の自分に何が必要なのか判断できず、あれもこれもとりあえず揃えておいて迷っている証拠。

あなたの部屋は今どうなっていますか？

もし、家のなかに美容アイテムが溢れていたら、**1年以上使っていないアイテムは全て処分**してみましょう。

コスメは、たとえ未開封のものであっても、1、2年経つと成分が劣化しますし、1、2年前に自分の肌に合うと思って購入したものも、そこから1、2年経った今では合わない可能性が高いです。

女性の肌は25歳を過ぎれば刻々と変わるので、今の肌には既に合わないと思っていいです。こんなふうに常に〝断捨離〟することも検討してみてください。そして化粧ポーチも、ドレッサーも、常に今の自分に合わせてアップデートすることをおすすめします。

第4章のまとめ

▼心が動く瞬間の表情を覚えてメイクのイメージとして使う。

▼誰かに恋する顔が「好印象」顔。それをメイクで再現すると、印象美人になれる。

▼日常にちょっと好奇心を持ち、メイクテクニックだけでなく内面も磨く。

▼赤を制する者は、人生を制する。色のパワーを味方につけよう。

▼美容が自己実現をバックアップする仕組みを理解して活用する。

▼美容アイテムを週に1度見直して、常に自分をアップデートする習慣を持つ。

第5章

人生を豊かにする「美しさ」の追求

あなたがキレイを目指すのは何のため？

この本を手に取ってくださった方は、キレイになる努力をしていると思います。

「美」について考えてしまうのは「女性の宿命」「人間の性《さが》」とでも申しますか、永遠のテーマです。

そのなかで私がお伝えしたいのは、**今のあなたも素敵**だということ。

自覚はないかもしれませんが、私は知っています。

人間の心理とは複雑なもので、「そのままの自分でいい」と言われたら、それはそれでうれしい半面、努力のしがいがなくなり目標を失って、悩んだりします。

「自分はこのままでいいのだろうか……」と。

そのため、今のあなたが本当に素敵であることを前提としてお伝えさせていただきます。「もっと素敵な自分になりたい」と思うのは、ごく自然なことですし、何歳になってもその向上心は持ち続けてほしい。

では、私たちはそもそも、なぜキレイになりたいのでしょうか？
この根本的な欲求はいったいどこから湧いてくるものなのか？
この章では、これらの疑問について解説していきます。

そもそも、あなたがキレイになることで起こる良い変化があるとすれば、それはいったい、どのようなことでしょうか？

セミナーで聞いた答えには、次のようなものがありました。

「自分に自信がつく」
「人と楽しく会える」
「テンションが上がる」

「健康的に見える」
「好きな人に振り向いてもらえるかも」
「外出したくなる」

全て納得の意見ですよね。実際に、キレイになることで前向きな気持ちになることを実感した出来事があります。

私は、美容学生時代に福祉施設でのボランティア活動などを通して、引きこもりがちの高齢者にメイクをしたことがあります。

体調が優れず、もう何年もメイクをしていなかったという方に丁寧にスキンケアからメイクまでしてさしあげると、ほとんどの方が最初に会った印象よりも明るい表情と声になります。

キレイになると皆さん、本当に顔つきはもちろん声まで変わるのが印象的でしたので、よく覚えています。

最初は、福祉施設のスタッフの方に言われるがままに来ましたという感じで、あまり乗り気でない方もいらっしゃったのですが、次第に心を開いてくださり、仕上げのリップを塗る頃には口数も増えてきます。

最後には「こっちがいい。あら、やっぱりこっちにしようかしら」と言って、いろいろな色味を見て楽しそうに選んでくださるようになります。

そして、フルメイクが終わると、「あ〜外にでかけたくなったわ」とか「家族に会いたくなっちゃって」なんて言って、とびきりの笑顔を見せてくださいました。

メイクによって元気になる方の姿を見るのは私にとって何よりうれしい瞬間なので、幸せな気分にさせてもらえます。

やっぱり**キレイになると、心が前向きになり、実際に行動も起こしたくなる**のです。

介護現場に学ぶ「美容は人を元気にする」意味

最近では、介護の現場で美容によるセラピー効果が積極的に用いられるようになりました。メイクは、認知機能に障害があるアルツハイマー病などの症状を緩和し、コミュニケーションをスムーズにする効果があると認められています。

病気でふさぎ込んでいた方に美容の施術をしたところ、意欲が湧いて生活の質（QOL＝クオリティ・オブ・ライフ）が向上した実例もありますし、毎日メイクをする一連の動作が寝たきりを予防することにつながったケースもあります。

さまざまな場面でこのように、**ただ単にキレイになるだけではない美容のポジティブな効果**が立証され始めています。

介護の現場に美容が取り入れられることを、今では「介護美容」と呼びます。全国各地で、身体が不自由な方や高齢の方を対象にしたビューティイベントが開催されています。それは、こういった世の中の流れを受けてのこと。

美容が人を元気にする事実がもっと浸透して、たくさんの方々がハッピーに生きられる世の中がくることを私は願っています。

キレイになれば、気持ちが前向きになって行動意欲が増し、これまでできなかったことが急にできるように思えてくることもあります。

また、キレイになった自分をたくさんの人に見てほしいから、人に会いたくなってコミュニケーションも活性化します。

あなたもメイクが上手くいった朝は、いつもよりやる気がみなぎったり、「今日の私、なんか可愛いかも⁉」と、ルンルンとした気分になった経験がありませんか？

もし、うつむいて地面ばかり見て歩いている人がいたら、私はすぐにでもその人にとっておきのメイクをしてあげたい。

私は、誰かをキレイにすることは、その人の背中を後ろからポンッとひと押しすることだと思っています。メイクをして、自分に自信が持てれば、うつむいた顔を上げるきっかけづくりになる。

顔を上げて歩けるようになれば、今まで見えなかった景色が目に入るようになって、新しい世界が広がります。

自分らしく生きるための美容とは

キレイになることは「人生を豊かにする」ことそのものです。

つまり、キレイになることは自分のためなのです。だからこそ、どんどん積極的にキレイになっていくことを恐れないでほしいと思います。

「最近、元気がないいな」と感じたら、コスメを買いに行くなり、岩盤浴に行くなり、自分がそのとき「いいな」と思う「美活《びかつ》」をしてパワーを養う。

「毎日の仕事で手一杯だから、美容なんて後回し」ではいけません。

キレイになることを後回しにするのは、自分自身のケアを怠るのと同じです。

私たちは、ロボットではありません。日本の経済を動かすことにひと役買っているあの人も、人知れず駅を掃除してくれる人も、テレビで活躍している大女優さんも、みんなみんな人間です。内側は、もろい肉体と精神を持っています。

野球選手は、ホームランを打つために、試合当日までに身体のコンディションを整えます。食事や行動パターンにこだわり、自分なりの〝ルーティーン〟を決めている人もいる。それを行うと精神が安定して、トレーニングや本番に打ち込めるからです。本番で良いパフォーマンスを発揮して数字で結果を残すことが仕事なので、その実現に向けて自分を整えることにシビアです。

私は、野球選手でなくてもこの姿勢は取り入れるべきだと考えています。**日常生活で、〝自分らしく生きる〟ために自分をケアするのです。それが「美容」です。**

なにも「毎日完璧にキレイでいなさい」と言っているわけではありません。くれぐれも美容がストレスにならないようにしましょう。

メイクだって、毎回フルメイクする必要はないと思います。自分のなかで、日焼け止めにパウダーと眉だけ描くようなインスタントメイクと、それよりもうちょっと丁寧にするメイクと、バッチリメイクの3パターンぐらいつくっておけば、場面に合わせて使い分けできるので便利です。

「忙しいから」と、自分自身のケアをおざなりにすると必ずしわ寄せがきます。そのことに早くから気づいて、毎日毎日、自分を愛してあげてください。

チャンスが来たら、いつでもホームランが打てるように。

笑顔でいることが最高の美容である

ニューヨークの街中を歩いていると、通りすがりの人にすれ違いざまに褒められることがあります。「Nice shoes!（素敵な靴！）」と言われたり、「Awesome hat!（帽子かっこいいね！）」と声をかけられたりします。

目が合えば、知らない人でもニッコリと笑顔を返してくれたりもします。

日本ではあまり見かけない光景ですが、素直に褒めてくれたり、挨拶の代わりに笑顔を返してくれるのは、すごく素敵なことだと私は思います。

日常のさりげないことだけれど、なぜこんなに気分を良くするんだろう？

笑顔で挨拶や会話をする人に、好印象を抱くのはなぜなんだろう？

２００９年に発表されたドイツのオットー・フォン・ゲーリテ・マグデブルク大学のクリストフ・ミュンテ博士らの論文によると、**笑顔の表情をつくると、「ドーパミン」系の神経活動が変化することがわかっています。**

この「ドーパミン」とは脳の報酬系、つまり「快楽」に関係した神経伝達物質であり、その神経活動が活性化されることで、喜びや満足感を感じる状態になると言われています。

また、私たち人間は、笑顔の人を見かけると自然に「きっと何かハッピーなことがあったんだろうな」と考えるのが一般的かと思います。

そして、なんとその笑顔は伝染するとも言われています。

これは、イタリアの研究者ジャコモ・リゾラッティが発見した**「ミラーニューロン」**という神経細胞の働きによるものだと言われています。この**ミラーニューロンは、霊長類などの高等動物の脳内で、他の人の行動を見て、まるで自身が同じ行動をとっているかのように、鏡のような反応をする働きがある**ことから、この名前がつけられたとされています。

なので、あなたが笑顔でいることで、その場の空気をなごませることができ、さらにそれに影響されて笑顔になった人たちの気分を快適にするというわけです。

そして、相手が笑えば自分もつい無意識に笑顔になる。

実際に道行く人に幸せを配って歩くことはできませんが（笑）、たくさんの人に笑顔を向けることはできます。

こうすることによって、自分自身も〝好調〟な状態を自然に作り出すことが可能になります。また、これは**効果が長期間持続するための環境のつくり方**とも言えます。

これなら、5秒もあれば充分です。ぜひあなたも今日から始めてみてはいかがでしょうか。

相手を褒めるとセルフエスティームが高まる

人を褒めることも、相手の脳の報酬系を刺激することが分かっています。

以前、こんな興味深いデータを見たことがあります。カリフォルニア大学ロサンゼルス校の教授で、脳卒中リハビリの世界的権威であるブルース・ドブキンという方の研究データなのですが、**患者を「褒める」ことで身体機能の回復に違いが出た**というものでした。

約180人の患者をふたつのグループに分け、歩く訓練を行いました。患者を褒めながらリハビリをするグループと、褒めずにリハビリをするグループでは、褒めてリハビリをしたグループのほうが、歩くスピードが約2倍も速くなったそうです。

これも脳の報酬系回路の有効性を裏づけるデータです。

褒められることで脳の報酬系が刺激されると、セロトニンやオキシトシンやドーパミンなどの脳内物質が放出されて、癒しや奮い立つような喜びを感じられます。この満たされた気分が病気を治癒させたり、パフォーマンスを向上させたりするのは、この事例以外にもさまざまなケースで立証されています。

脳科学に基づいたこの「褒めの効果」は、最近では職場や教育現場でも積極的に取り入れられています。ＡＮＡ（全日本空輸）の「グッド・ジョブカード」、ＵＮＩＱＬＯの「サンクスカード」などもそうですね。こんなふうに相手を褒める文化は、褒めた人も褒められた人も気持ちよくさせるので、どんどん浸透していくべきです。

ストレスを感じやすい時代だからこそ、意識して目の前にいる人を褒めるようにする。するると、円滑なコミュニケーションが図れます。

人は、ストレスを感じると無意識に自分を守ろうとするので、実際に行動をセーブしてチャレンジすることをやめたり、人よりも優位に立とうと、他人のあら探しをしたりしやすいのです。

これでは、ストレスを感じるたびに自分と周りを取り巻く環境の関係がギスギスして、自分のパフォーマンスも落ちるし、仕事仲間とも協力しづらい雰囲気になってしまいます。

そういった負の回路から抜け出すためには、まず自分から人の良いところを探すように心がければ、それ自体がストレスの少ない社会をつくっていくと思います。

そして、**他人に寛容になることは、実は自分に寛容になることでもあります。**誰かを褒めることが、セルフエスティームを上げていくのです。

自分の言葉は自分に跳ね返ってくる

最近、あなたは誰かに褒められましたか？

そして、あなたは最近、誰かを褒めましたか？

自ら意識して人を褒めるようにすれば、あなた自身も人から褒められやすくなります。

少し硬い言い方をすると、心理学の専門用語で**「返報性《へんぽうせい》の原理」**と言うのですが、人は自分を褒めてくれた人に対して、思わずお返しをしようとする心理が働きます。

「○○さんってすごいですよね」と誰かが相手を褒めれば、「いえいえ、△△さんだってすごいじゃないですか」と返され、それに対してまた「いや、○○さんのほうが……」と続く。こんな褒めの応戦が繰り広げられる場面もよく見ますよね。

日常的にこんな場面が周りに増えていけば、なんだかほっこりと幸せな気分になり、前向きに日々を送れそうですよね。まずは自分から相手を褒めることで、そんな環境を自分から先につくってはいかがでしょうか。

人から褒められたら素直にうれしく感じるように、相手から自分に投げかけられた「言葉」はすごく印象に残ります。これは、自分が相手に話しかけても同じことが言えるのです。

あなたが**自分の言葉を発するとき、その言葉を一番最初に聞くのは自分です。**口のすぐ近くに耳がありますから、どんな言葉でも「言いっぱなし」になんてできなくて、必ず自分の耳に入ります。

当たり前ですが、自分が使う言葉は、そのまま心が思ったことですよね。心は自分が話している言葉以外は考えられないので、使う言葉が自己暗示として自分に返ってきやすいのです。誰かを褒めれば、脳がその言葉を聞いて、まるで自分が褒められているかのような錯覚に陥るそうです。

実は、脳はとても騙されやすいのです。だから、人を褒めて損はありません。人の良いところを探して、誰かを褒めれば褒めるほど、セルフイメージはどんどん豊かになっていきます。

これは、その逆も起こるので注意してください。

誰かをさげすんだり悪口を言ったりすると、自分がそう言われている錯覚にも陥ってしまいます。

つまり、**良くも悪くも、自分の言葉はすべて自分に降りかかってくる**のです。

ですから、使う言葉には十分気をつけなければいけないというわけですね。

皮膚が持つ不思議な力「ハンドセラピー効果」

「ハンドセラピー」という言葉をご存じでしょうか。

ハンドセラピーとは、文字通り「手で触れる」ことで、リラックス効果をもたらす行為です。患部を治療することを「手当て」と言いますが、実際に手を当てること自体が病を治癒させるほどの絶大な癒し効果を持つと言われています。

皮膚は、わずか1・4ミリメートル（皮下組織を除く、表皮と真皮の厚み）という薄さなので「第二の脳」や「むき出しになった脳」と呼ばれることもあり、単に身体を覆う保護膜としての役割だけでなく、周りの環境に応じてあらゆる信号を発することが分かっています。

皮膚に関しては、日夜研究が進んでいる段階で、まだまだ未知の部分も多くありますが、私は、ハンドセラピー効果も皮膚が持つ不思議な力だと思っています。

私が思うに、「触れる」という行為は、「脳をなでる」ようなもの。

ハンドセラピーは脳内にセロトニンなどの幸せホルモンを分泌させ、それが癒しにつながります。

小さい頃につまずいて転んだりお腹が痛くなったりしたときに、お母さんや幼稚園の先生に「痛いの痛いの飛んでいけー！」となでられると、何だか落ち着いた記憶があると思いますが、このおまじないはとても理にかなっていたわけです。

そしてそれは、施術を受ける側だけでなく、施術する側の脳にも同じ作用をもたらします。

アファメーションしながらのスキンケア

また、ハンドセラピーは、人に触れられたときだけでなく、自分で自分に触れても同じ効果を得られるというのが面白いところです。

あなたは、スキンケアをするときに手で肌に触れますか？
それとも、コットンを使いますか？
私はぜひ手で触れることをおすすめします。

お風呂上がりに、すっぴんの肌を触ってスキンケアする時間って、「今日も1日がんばったな」などと思って、ちょっとほっとできる時間ですよね。それは素肌に触れるハンドセラピー効果で、自分で自分を癒しているのです。
スキンケアは、肌の保湿をするとともに、精神面で自分を癒すこともできます。

今まで、なんとなくスキンケアを行っていた人は、これを機にスキンケアをもっと重要視し、丁寧に行ってみましょう。

このとき、今日1日がんばった自分を、再確認して褒めてあげる時間にするのです。

コンプレックスを口に出せば、解消できることもあるとお伝えしましたが、それはストレスや疲れも同様。**自分のなかにため込まず、外へ吐き出す**のです。

女友達同士で行う「女子会」があんなに楽しいのは、今日この日までに何があったか、その出来事で自分は何を思ったかを話して聞き合うからですよね。特にオチもなく何時間でも話していられるのは、癒されているからです。意味のない話だけれど、話すことに、ちゃんと価値はあるんです。

気心知れた友達とコンスタントに会えればいいですが、忙しい現代人はプライベートな時間を持つのがやっとの人もいます。そんなとき、自分が自分の友達の役割をすればいいのです！　それも、スキンケアの時間に。

化粧水を手に取り、肌になじませるためハンドプレスするときに「あ～今日もがんばった～。苦手な○○さんに会ったときはどうしようかと思ったけど、ちゃんと仕事の話もできたし、うまくコミュニケーションをとれたと思う。これって前はできなかったよな～。私成長したな～」という具合です。

実際に口から声に出して自分を可愛がる

ポイントは、ちゃんと口に出すこと。

口に出すことで、ストレスも疲れも身体の外へ出ます。

口に出せば、脳が感情を理解して、言葉の通り感情に区切りをつけてくれます。独り言になるので、スキンケアはなるべく自分ひとりの空間で行うといいでしょう(笑)。これ、本当に効果絶大。

女性の脳は、一度にたくさんのことをこなせるマルチタスク型であるがゆえに、自分が無理しているのにも気づかずいつの間にか、キャパオーバーするまでがんばってしまう人が多いのです。

これも自分を可愛がる行為であり、美容のひとつです。

そう考えれば、スキンケアする時間って肌を潤すだけでなく、とても重要な行為で大切に思えてきますよね。

「ガクン!」って疲れが来る前に、毎日少しずつ消化しておく。

子育てしながら働く女性が増えたことで、「時短」という言葉が美容業界でも注目され始めました。

毎日するスキンケアをなるべく早く終わらせたい。そんなニーズに応える「時短美容」商品がここ数年、バラエティショップを中心にシェアを拡大しています。オールインワンジェルや、クレンジングと保湿が1本でできるハイブリッド系コスメなど、皆さんも使ったことがあると思います。

もちろん、ニーズがある以上、こうした進化した商品が次々と発売され、選択肢が広がるのは、いいことだと思います。

でも、スキンケアにおいては、「早く終わらせるのが正義」になってしまうのはあまりに寂しい。

スキンケアが「面倒くさいこと」という認識しかされず、惰性で行ってしまう。自分で自分を癒す貴重な時間になるのに、どんどんスキンケアにかける時間が失われていきます。**スキンケアをするときの数分だけは、忙しい頭を空っぽにして、自分で自分を癒せるハンドセラピー効果の恩恵を受けてほしいです。**

スキンケアをする際の3つの注意点

今日1日行った自分の行動を、全て褒める。女友達がいつもしてくれているように、自分で自分の行動に共感し、肯定する。この自分自身を肯定する技術を、心理学では**「アファメーション」**と呼びます。

アファメーションとは「肯定的な宣言」という意味で、自己肯定する言葉を自分の内側に語りかけて潜在意識に刷り込ませることで、願いを叶えていく方法を言います。思い込みの効果を利用した自己実現の手段のひとつです。

スキンケアにこのアファメーションとハンドセラピーを取り入れれば、あなたの肌

はきっと今よりキレイになるはずです。

ぜひ今日からのスキンケアは、やみくもに行うのではなくハンドセラピーを意識したり、アファメーションを意識して自分自身を褒める時間に使ってみてください。

「私の肌はもっとキレイになる」「私はもっとキレイになれる」と声に出しながら肌に触れてみましょう。これまでとは違った感覚を得られるかもしれません。

ここで、スキンケアをする際に、**肌に触れるときの3つの注意点**をお伝えします。

次のことを意識しながら、自分を可愛がる気持ちで肌に触れてみてください。

1．スキンケアをするときは絶対に肌をこすらない、引っ張らないが原則です。

2．特に目元の皮膚はもっとも薄く傷つきやすいので、スキンケアでも慎重に取り扱ってください。

ウォータープルーフタイプのマスカラやアイライナーを使っていたら、ウォータープルーフ対応のクレンジングでないと落とすのが難しいこともあります。

ウォータープルーフに対応していないクレンジングで無理やり落とそうとするとゴシゴシと目元を強くこすることになるのでおすすめしません。クレンジングを買うときは、使っているコスメに対応しているものを選ぶのが鉄則。ポイントメイクリムーバーを使うのも手です。

3．スキンケアは両手を使って丁寧に。「ハンドセラピー効果×アファメーション」の力で内面まで整えましょう。

以上に気をつけて、ひたすらアファメーションしながらスキンケアをするようにしてみてください。「第二の脳」「むき出しになった脳」である皮膚は、きっと応えてくれるはずです。

良い肌に導くスキンケアのコツは、「ハンドセラピー×アファメーション」で、自分を可愛がってあげることです。

人に向けた言葉も自己暗示になってしまう

毎日どんな心持ちでいるかによって、顔にも影響が出るとお伝えしました。特に、25歳を過ぎれば、その変化は如実にあらわれるようになります。**自分のなかにある価値観や考え方は表情筋と連動して、筋肉のつき方が顔に定着していくからです。**

セルフエスティームが低いままだと、どんどん「陰」な雰囲気の顔になっていきます。口角は下がって、人と視線を合わせようとせず、下を向いて歩くようになる……。自分に自信が持てないことから何に対しても否定的に捉え、ネガティブな発言ばかり目立つ。そんな姿勢は、自分だけでなく、無意識に人を傷つけることもあります。

ツイッターなどのSNSで、特定の人に向けた暴言コメントの嵐を見ると、背筋がゾクッと寒くなることはないでしょうか。

日常生活では、そこにあるような露骨な暴言を耳にするシーンってそんなに多くないと思います。でも、ネット上で蓋《ふた》を開けてみると、感情がむき出しのコメントの数々がある。**何か世の中に、得体の知れない鬱屈《うっくつ》したものが潜んでいる**のを感じます。恐怖を感じるのは**「匿名」**というところ。

私の大切な知人が、少し前に炎上の対象になってしまったことがあります。そのとき、炎上は本人のことをよく知らないのに、一部の発言だけを切り取った誤解が原因になることもあるのだと知りました。

匿名で暴言を吐く人たちは、普段のその人をどこまで知っているんだろう？たとえば、道を歩いていてすれ違う他人が何を言っていても、そこに文句を言ってやろうと食ってかかる人はいないと思います。

でも、SNSだとそうはならない。集団心理が働くのか、通り過ぎることができなくなるようです。

人に向けたものであっても、言葉は自己暗示なので、いつも自分に降りかかってくることを忘れてはいけません。**当て逃げのような匿名の暴言投稿は、誰も幸せにしな**

いどころか、無意識に自分を傷つけています。

毎朝起きたら「ポジティブ発言」から始動する

言葉は口にすれば消えてなくなりますが、それを受け取った側の心には重い鉛のようにずっと残ることもある。

自分が周りを幸せにすることも、不幸にすることもできると自覚できれば、その瞬間から言葉や行動は変わっていくと思います。

ポジティブな感情もネガティブな感情も、周りに伝染していく性質を持ちます。

ならば、当然、ポジティブを伝染させたほうがいい。

自分に害が加えられていないのなら、よく知らない他人に対するネガティブな感情は、早めに手放してしまいましょう。

なぜならそれは、あなたの心に蓄積して、やがて表情にあらわれるようになるからです。

私は毎日、朝目覚めたらベッドのなかで必ずポジティブな言葉を口にしてから起きるようにしています。

朝ってテンションが下がりやすいですよね。

「まだ寝ていたいなあ」とか、「仕事行きたくないなあ」とか、「寒いから布団から出たくないなあ」とか。

その気持ちで1日が始まると、シャキッと切り替えるタイミングがなくそのままの気持ちでダラダラと過ごしてしまう。それでは、仕事や勉強での良いパフォーマンスは望めません。

だから、**目が覚めて開口一番に、やる気が出るような言葉を意識的に発言する**ようにしているのです。

私は、この習慣のおかげで、パリコレのヘアメイクアーティストという大仕事を獲得したと思っています。

「パリコレのメイクさんになりたい！」と思ったのは、18歳の頃。正確に言うと、「なりたい」と願望的に思ったわけではなく「絶対になる！」という決意でした。何がなんでも叶えたい夢でしたので、1日でも無駄に過ごしているのは良くないと思い、毎日、朝起きた瞬間からその夢を口にして自覚することでスタートさせたのです。

五感をフル活用してイメージをより鮮明に

それにプラスして、よくやっていたのが、**夢が叶う瞬間をより具体的に五感全てで捉えてイメージすること。**そうして遠い壮大な夢であってもグッと身近に引き寄せて捉えることができたのです。

私の場合は、パリコレの舞台でメイクすることでしたので、パリコレの舞台裏には、何がある？（視覚）、そこはどんな匂いがする？（嗅覚）、バックステージにある椅子って固いのかな？（触感）、そこにはどんな音楽が流れているだろう（聴覚）、きっと緊張で喉がカラカラだろうな（味覚）といった具合に。

夢が叶っていなくても、夢で終わらせず実際にその舞台にいることにリアリティを加えて想像すると、本当にその舞台にいるように思えてきます。毎日行うことで、どんな壮大な夢であっても自分でも叶えられる規模だと思えてくるのです。

私はこの方法で、実際にパリコレのヘアメイクの夢を叶えましたよ。

それは、18歳の頃から毎朝このようなことを行っていたからだと思います。

あらゆることに受け身の姿勢でいると、感情に引っ張られ続けたままで終わってしまいます。**肝心なのは自分主導で生きること。**

意識は表面化するので、感情の自己管理は大切です。

ぜひ、今日1日をどんな日にしようかと考えて、朝をスタートさせてみてください。

第5章のまとめ

▼キレイになることを後回しにするのは、自分自身のケアを怠るのと同じ。

▼他人に寛容になることは、自分に寛容になることでもある。

▼人に笑顔を向けて損なし。生きやすい環境をつくる強さを手に入れて。

▼夢は、唱えたら唱えた分だけ叶いやすくなる。
夢は、今日の延長戦で起こることに気づこう。

▼スキンケアは「ハンドセラピー×アファメーション」で。

▼毎朝起きたら「ポジティブ発言」から始動して、自分主導で生きる。

終　章

優しさは「瞬発力」で反応する

感謝や感情の伝達をサボらない

私は、生きていくうえで人の心以上に大切なものはないと思っています。

だから普段から「今、自分は周りの人を幸せにできているかな?」と振り返って考えるようにしています。人はそれぞれ価値観も感性も違うので、自分がよかれと思ってしたことが必ずしも正しいとは限らないからです。そんななかで人が理解し合えるのって、**前提として、人は一人ひとり違う価値観や感性を持っていると認識するところから始まる**と思います。

そのことが顕著に出るのが、男性と女性の性質の差。一番近くにいるパートナーと折り合いがつかないって、あるあるパターンですよね。

もし、あなたが今、パートナーと分かり合えないという悩みを持っているとしたら、愚痴を言ったりケンカをしたりする前に、この男女の違いを少し理解しておくといいかもしれません。

男性は「目の前の人を、僕は幸せにできるかな？」ということを常に考えている生き物。そして、自分が幸せにできると確信すると、それが喜びになります。ですので、その確信を得るために女性の反応に敏感です。女性が幸せそうに笑っていると、それだけで使命が全うできたように思えてうれしいのです。奥さんに先立たれてしまった旦那さんが、奥さんの後を追うように亡くなってしまうのは、現世での使命がなくなってしまい、みるみるうちに生命力がなくなるからだと思います。

ですから、女性は、男性にしてもらったことに対してちゃんと喜んで、感謝の気持ちをきちんと伝えること。**感情を伝えるのをサボらないことですね。**そのために、言葉を尽くし表情を尽くし「あなたのおかげで今、私は幸せになっている」と分かりやすく伝えてあげてください。そうすれば、彼は幸せな気分になって、あなたに対する愛情も深まるでしょう。

このように、受け取る側が相手に分かりやすいように感情を伝えるのは、優しさや親切心のひとつです。よく、モテるための女性へのアドバイスで「男性にはオーバーリアクションを心がけましょう」なんて言ったりしますが、これは考えていることを相手に分かりやすく伝えてコミュニケーションを円滑に進めましょうという意味です。

こうした相手にきちんと気持ちを伝えることの大切さを、大人になっても理解していない人は案外多いのです。

私も、**人に何かしてもらったときに伝える「ありがとう」は、オーバーなくらいでちょうどいい**と思います。というか、それぐらいを心がけないと伝わらないと思っています。これは、相手が男女に関係なくそう思っています。

当たり前のことのように思っていても、意外とできないので、「ありがとう」と思ったときキチンと伝えることを、いま一度忘れないようにしましょうね。

優しさには「賞味期限」がある

もうひとつ、忘れてほしくないことがあります。

それは「優しさ」を出すタイミング。

「ありがとう」の言葉同様に、意外とできていない人が多いように思います。**優しさは「瞬発力」で反応することが大事です。**

「優しさには賞味期限がある」

そう言い換えてもいいです。

優しさって、自分のなかでハッと気づいたときがもっとも鮮度が高い状態です。相手からしても、困っているときは早めに助けてもらったほうがうれしいはず。だから、気づいたらすぐに行動に移すほうが喜ばれます。

たとえば、電車に乗っているときに、目の前にいる人が困っていたら、すぐに助けられる人って実はそんなに多くないですよね。

あなたも、電車に乗っているとき周りを見ていて感じないでしょうか？　助けたいと思っても一瞬、「あ、大丈夫かな？」「どうしよう？」っていうふうに躊躇してしまう人が多いと思います。その**「あ、大丈夫かな？」と思っているときが実は優しさの出しどころ**なんです。

「声をかけて断られたらどうしよう」とか「自分よりその人の近くにいる人が手を貸

すかもしれない」と躊躇している間にチャンスが通り過ぎていくのです。

ですから、日頃から心の筋肉を鍛えて、「ここぞ！」というときにすぐ行動できるようにしておきましょう。

困っている人を見かけた瞬間に**「何かお手伝いできますか？」**とすぐに声をかけることができる人って、誰が見ても素敵に映りますよね。

私も日々、そんな人になりたいといつも準備しています。

好意や優しさの返報性を実践する

私が以前住んでいた、ニューヨークでの話ですが、ニューヨーカーの優しさって大胆です。ニューヨークでは、当時まだ3歳の息子の手を引いてよく地下鉄に乗っていました。ニューヨークって子育てにはあまり向いていない街なのですが、子連れで地下鉄に乗ると、みんなが席を譲ってくれるんです。

「こっち席空いてるよ！」と言ってずらっと一列、席が空くこともある。約2年間ニューヨークで暮らしましたが、地下鉄では一度も立ったことがありません。

これってよく考えるとすごいですよね。「もうあとひと駅だから平気よ」って言っても、「いいからいいから、座んなさい！」ってすごく親切にしてくれていました。

そうやって人に親切にされると、自分も誰かにお返しがしたくなるもの。その感染力って、あるなあと思います。だから、私自身も、何か困っている様子の人を見かけたらすぐに反応して、一番鮮度が高い状態の優しさを届けるように心がけています。

第5章でお話しした**「返報性」の法則**は、こうして誰かに優しくされたときにも働きます。ですから、**人に優しくすればするほど、その分きっと、自分も誰かに優しさを向けられるようになる**はずです。

そうしてあなたを大切に大切に扱ってくれる人が増えるほど、みるみるセルフエスティームは高まって、自分を心から愛せるようになり、あなたは美人メンタルに近づいていくでしょう。

感情の交流が心の筋肉を鍛える

最後になりますが、今はまだ、美人メンタルが持てていないかもしれない女性に向けて、心に留めておいてほしいことをお伝えしようと思います。

それは今後、誰かに優しくしてもらったときの心構えです。

控えめで何かと遠慮しがちな人は、誰かに何かをしてもらうことに対して過剰に申し訳ないと思ってしまう傾向があります。場合によっては罪悪感さえ感じてしまうことも。そのせいで、せっかく相手に向けてもらった優しさや親切を、わざわざ断ってしまうこともあります。そうした傾向が見られる方々の口癖は「すみません」とか「ごめんなさい」とかです。

でも、よく考えてください。相手の親切を断れば、そっちのほうが「恩を仇《あだ》で返す」ことにもなるのではないでしょうか。

だから、人の優しさや親切はぜひ、遠慮せずに受け取ってください。そして、笑顔で「ありがとう」と言ってください。そのほうが自分の心が豊かになりますし、相手の心も豊かにします。

感情の交換、交流をすることで心の筋肉は鍛えられます。

この訓練を続ければ、自分が誰かに優しくできるようにもなります。

パリジェンヌに人気の化粧品ブランド、L'ORÉAL PARIS（ロレアル・パリ）のキャッチフレーズは**「あなたにはその価値があるから」**というものです。

このキャッチフレーズは、世界中の言語に訳されてロレアル・パリのブランドイメージの看板になっています。

フランス語では「Parce que vous le valez bien」。

英語圏では「Because you're worth it」。

韓国語では「**당신은 소중하니까요**」。

本書を読んで、「私って今まで、セルフエスティームが低かったのかも」と感じたら、ぜひこのロレアル・パリのキャッチフレーズを心に留めてみてください。

おわりに

まずは、この本を手に取ってくださったあなたに、改めて感謝の気持ちを伝えさせてください。本当にありがとうございます。

最後まで読み終えて、どうお感じになったでしょうか？

ここまで読み進めていただいたあなたであれば、きっと「今よりもキレイになれる」という期待感に包まれ、これまでの思い通りにいかなかった自分から卒業して生まれ変わろうとしていることでしょう。

そう、まるでさなぎが蝶に変身するように。

本書ではコンプレックスについてもいくつかお伝えしてきましたが、そもそも、この本は、誰よりも私自身がコンプレックスの塊だったことから生まれました。

私は長い間、自分を傷つける言葉を胸の内に抱え込んで、自分に自信を持てないでいました。たくさんのキレイな人たちに囲まれて「ああ、私は誰よりも醜い」と思っていた時期も正直あります。今はこうして人前に出るお仕事をさせていただいているので、人に話すと驚かれもするのですが、これは事実です。

人生が思うようにいかなくて自暴自棄になりかけたこともあります。人をキレイにする仕事に就きながら、私自身が美人メンタルを持てなくて、苦しんでいた時期があったのです。

美容は、受け取り方によっては暴力にもなります。

コンプレックスによって傷つき悩んで、克服してきたからこそ、そこで気づくことができた「美容の本質」というものを、たくさんの人に伝えたい気持ちになりました。

今もし、過去の私のように、自分を傷つける言葉を抱えている人がいたら、自分が変われば世界が変わるという、シンプルでパワフルな魔法に気づいてもらいたいと願っています。

メイクレッスンや仕事現場では「どうやったらキレイになれるのですか？」と聞かれます。それに対して、「○○さんの顔は骨格がシュッとしているから、こうすればキレイになれますよ」「そのメイクのお悩みにはこれが効果的です」などのアドバイスをするわけですが、なかにはこんな声もあります。

「悩みは何って聞かれても、そもそも悩みだらけだから……」

「コンプレックスの塊だけど私もキレイになれる？」

このように話す人にただテクニックをお伝えするだけでは、ビューティアドバイスとしては足りない気がしていました。

「もともと持っている自分のなかのダイヤモンドの原石に気づいてもらわないと、その人を本当にキレイにすることはできない」と思うようになったのです。


突然ですが、童話『幸せの青い鳥』という本をご存じでしょうか？

チルチルとミチルという兄妹が、青い鳥を探して妖精に導かれるままにいろんな世界を旅するお話です。兄妹はたどり着いた場所で起こるさまざまな出来事に翻弄《ほんろう》されて青い鳥を連れ帰ることができないのですが、ある日、自宅で目を覚ますと枕元に青い鳥がいたことに気づきます。幸せは、外に探すものではなくて、身近にあることに気づくべきだと教えてくれるお話です。


私は、「自分はもともとキレイじゃない」と思ってキレイを外に追い求めることは、この『幸せの青い鳥』のストーリーと似ていると感じたのです。

美容は、もともと持っているダイヤモンドの原石を、自分でピカピカに磨いてあげるようなものだからです。

だからこそ、この「美容はメンタルが9割」という事実を、今回このような本という形であなたにお伝えできたことが、本当にうれしい。

また、ＹｏｕＴｕｂｅを通してたくさんの人に私を知ってもらえるようになりました。コメント欄に応援の言葉や、いろんな感想を書き込んでいただけるのはとてもうれしいです。

全部読んでいます。

この場をお借りして、改めてお礼を申し上げたいと思います。

いつも動画を見てくださっている方々、本当にありがとうございます！

そして、本書を出版するにあたり、編集を担当していただいた伊藤直樹さんを始めとするＫＡＤＯＫＡＷＡの皆様、プロデュースしていただいた小山竜央さん、編集協力していただいた山本櫻子さん、玉絵ゆきのさん、ありがとうございました。

今、人生は１００年時代です。

２０１８年には、日本人女性の平均寿命は87・３２歳と過去最高を更新しました。

30代や40代で「私はおばさん」と自分を制限してしまうのは、あまりにも早すぎる。人生はいつだって、本人がそれに気づきさえすれば、美しいものに溢れていて楽しいもののはずです。


子供の頃に自分より年上の人を見て、「私も早くお姉ちゃんになりたい」って思いませんでしたか？

誕生日を迎えるのがうれしくて、バースデーケーキにろうそくの数が増えるほどワクワクしたのではないでしょうか？


いくつになってもそんなふうに、歳を重ねるほどワクワクできたら最高だなって思います。歳は「とる」ものではなくて「もらう」もの。経験が増えるごとに、魅力や深みは増していきます。

多くの女性がそう思って、もっと楽しく生きていける世の中になることを望んでいます。

メイクはそのお守り。

自分を勇気づけてくれるものと思ってください。

だけど、この本を読み終えて、いつもの日常に戻ってしまうと、また元の自分に戻ってしまう人も多いと思います。

そんな時に大切なのは「思い出すこと」です。

ここまで読んでくれたあなたのために、ＬＩＮＥ@をつくりました。

こちらにあるＱＲコードより、ご登録いただければ、「美容はメンタルが９割」を実践するために必要な情報とメッセージを無料でお届けします。

ピンときた人はお早めに。

またはスマホでＬＩＮＥを開いていただき「@cecemake」をＩＤ検索して申請してください（@をお忘れなく）。

あとがきの場を借りて、両親への感謝を述べさせてもらいたいと思います。

女性を元気にできる、素敵なメイクアップアーティストという職業に就くきっかけをつくってくれた両親に、心から感謝しています。

この本がたくさんの方にキレイを呼び込んで、ハッピーに生きられるヒントとなりますように。
最後にあなたにこの言葉を贈りたいと思います。

眉に誠実さを
瞳に情熱を
頬に幸せを
唇に愛を

けなげに生きるあなたの毎日がキラキラと輝くことを願っています。

２０２０年７月

守分繭子（ＣｅＣｅ）

CeCe（シシ）
24歳でパリコレに参画。クリスチャン・ディオールを担当し、メイクの世界的巨匠パット・マグラス氏のもとで、ジョン・ガリアーノなどの有名ブランド、およびオートクチュールファッションショーのメイクを手がける。31歳のとき、専属でメイクを担当していた近藤麻理恵氏（『人生がときめく片づけの魔法』シリーズ世界1100万部突破のベストセラーの著者）が『TIME』誌の「世界で最も影響力のある100人」に選ばれたことを機に、自身の活動の場をニューヨークに移す。数々の撮影とセレブリティ向けのメイクレッスンを通じ、現地の有力者と交流を深め、多数の著名人やモデルのメイクを手がける。自身が自尊心の欠如に悩み、克服した経験から「自分を愛する」ことの大切さを説くトークイベントや、「楽しく♥簡単に♥きれい！」をコンセプトに、20代〜60代までの幅広い年齢層に向けた、女性の心に寄り添うメイクレッスンを定期的に開催中。また、自身のYouTubeチャンネル「大人の美容作法 CeCeのパリコレメイク」が登録者数20万人超となり各メディアで話題となっている。モットーは「貴女を人生の主役にする」

美容《びよう》はメンタルが9割《わり》

2020年 7月27日　初版発行
2020年10月25日　 4 版発行

著者／CeCe《シシ》

発行者／青柳 昌行

発行／株式会社KADOKAWA
〒102-8177　東京都千代田区富士見2-13-3
電話 0570-002-301（ナビダイヤル）

印刷所／図書印刷株式会社

ISBN 978-4-04-604881-3　C0077